U0488967

SCENE MARKETING

场景营销

大连接时代的"营销颠覆者"

蔡余杰　纪海◎著

当代世界出版社

图书在版编目（CIP）数据

场景营销：大连接时代的"营销颠覆者" / 蔡余杰，纪海著．
— 北京：当代世界出版社，2016.2
ISBN 978-7-5090-1062-4

Ⅰ．①场… Ⅱ．①蔡… ②纪… Ⅲ．①营销—研究 Ⅳ．①F713.3

中国版本图书馆 CIP 数据核字（2015）第 314916 号

书　　名：	场景营销：大连接时代的"营销颠覆者"
出版发行：	当代世界出版社
地　　址：	北京市复兴路 4 号（100860）
网　　址：	http://www.worldpress.com.cn
编务电话：	（010）83908456
发行电话：	（010）83908409
	（010）83908455
	（010）83908377
	（010）83908423（邮购）
	（010）83908410（传真）
经　　销：	全国新华书店
印　　刷：	北京毅峰迅捷印刷有限公司
开　　本：	710 毫米×1000 毫米　1/16
印　　张：	18
字　　数：	230 千字
版　　次：	2016 年 4 月第 1 版
印　　次：	2016 年 4 月第 1 次
书　　号：	ISBN 978-7-5090-1062-4
定　　价：	42.00 元

如发现印装质量问题，请与承印厂联系调换。
版权所有，翻印必究；未经许可，不得转载！

前 言

杰罗姆·麦卡锡教授在其著作《基础营销学》一书中提出了产品、价格、渠道、促销4P理论，奠定了现代营销理论的基础。在移动化的大连接时代，企业也需要赋予营销新的内涵，才能在竞争激烈的市场环境中实现品牌效应。

随着移动互联时代的到来，传统的营销模式走向衰弱，取而代之的，是基于移动互联网的更加有效的场景化营销模式。这种新的营销方式，基于用户碎片化的即时场景，借助移动互联网平台和入口，精准定位和挖掘用户的场景需求，从而为用户创造新的价值体验。

在这样的营销模式中，产品决定场景如何构建；价格是衡量场景分享程度的尺度；渠道意味着运用场景，打破界限，实现跨界融合；而促销则是场景营销的必然结果。

比如，央视2015年春晚，就首次尝试了多屏互动的场景化营销模式。借助微信入口，观众可以通过手机微信中的"摇一摇"功能，参与到由品牌商提供的抢红包活动中。在抢到的红包中，会显示出"某品牌给你发了一个红包"的字样。

通过这种场景化的营销形式，观众在春晚这一传统场景之中，获得了新的价值体验，而广告商和品牌商也借此实现了更有效的营销推广的目的。

再比如，对于地图，以往人们关注的是其范围起止，用户是作为一个"旁观者"使用的。但是在移动互联时代，人们开始关注以"我"为中心的范围，以及相关路线信息服务。

同时，移动端的地图应用，也会根据个人的具体场景，推送相宜的住宿、餐饮、旅游等产品和服务信息，引导用户进行场景化的消费体验。显然，这种基于用户具体场景的营销推送，更有利于达到"提升认知"与"销售导流"的目标。

其实，场景化营销并不是一个新概念。例如，商家在圣诞节之时，通过橱窗、展台等进行节日场景的布置，从而激发消费者的购买欲望，就是一种典型的场景化营销。简单来讲，场景化营销就是企业基于消费者所处的具体情景和时间，通过与消费者的互动而展开的营销推广活动。

只不过，移动互联时代的到来，重构了传统的场景特质，也赋予了场景化营销新的内涵。在国际上，基于移动互联网的场景化营销被称之为"Context—aware Marketing"或"Ubiquitous Marketing"，即情境知觉营销或无处不营销。

具体而言，就是基于移动智能设备和技术，商家随时对消费者不断变化的碎片化场景进行追踪定位；同时，利用大数据、云计算等先进技术，精准计算和把握消费者的偏好，以及在不同场景下的价值诉求；最后，通过移动智能入口、App应用等，实现即时性的场景连接，感知用户的具体情景，从而为用户推送相宜的产品和服务，满足场景化价值诉求，激发用户购买欲望，实现营销推广的目标。

那么，面对大连接时代这一颠覆性的营销模式，如何在场景中寻找痛点，满足消费者的场景需求？如何让消费者在场景中产生强烈的参与感？场景会如何改变我们的商业、工作与生活？App场景怎样实现社群价值最大化？如何应对LBS场景营销遇到的问题？传统实体店如何借助二维码进行场景营销？如何将消费场景定位与O2O有效结合？如何打造基于渠道构建的O2M场景？

本书将带领读者俯瞰当今的时代特色，纵观互联网的发展路径，对比传统营销模式与场景营销模式，以求读者能够对场景营销有更全面的理解。同时，本书更以实战为特色，针对企业在场景营销实践过程中遇到的问题进行解答，使企业实现营销与消费者需求的无缝对接，抢占移动互联时代营销的制高点。

目录

第1章
场景+营销：移动互联网时代的商业新秩序

1.1 营销大变局："互联网+"时代，传统营销模式的重构与转型

    1.1.1 "互联网+"时代，传统营销模式的迭变 ········· 003

    1.1.2 大数据营销：大数据精准营销的八大价值 ········· 006

    1.1.3 社群营销：社群粉丝效应下的营销裂变 ········· 011

    1.1.4 场景营销：碎片化场景时代的营销新思维 ········· 015

1.2 场景时代的来临：重构商业、生活与消费的连接

    1.2.1 互联网发展路径：流量时代、数据时代、场景时代 ········· 019

    1.2.2 告别流量迎接场景：已经到来的场景时代 ········· 022

    1.2.3 重新定义"场景"：对场景商业的八个认知维度 ········· 024

    1.2.4 生活场景下的商业体系与营销系统 ········· 028

1.3 场景革命：场景如何改变我们的商业、工作与生活？

- 1.3.1 场景娱乐：全时段不间断娱乐模式，沉浸式体验 ······ 035
- 1.3.2 场景信誉：互联网场景下的信誉体系 ······ 039
- 1.3.3 场景安全：物联网时代的场景安全体系 ······ 041
- 1.3.4 场景新媒体：人人自媒体时代的场景传播 ······ 043
- 1.3.5 世界网络银行：一个连通未来财富命运的场景聚合 ······ 045

1.4 场景营销：移动互联网时代的营销新思维

- 1.4.1 场景营销的内涵：新时代的营销法则 ······ 051
- 1.4.2 场景营销的特征：即时、即刻、洞悉 ······ 052
- 1.4.3 移动互联网赋予场景营销的两大条件 ······ 053

第2章
场景营销的本质：实现营销与需求的无缝连接

2.1 新一轮营销战役：解决用户需求痛点，开启场景营销新革命

- 2.1.1 传统"大喇叭"广告模式之死 ······ 059
- 2.1.2 场景营销的优势：精准营销＋定制化服务 ······ 060
- 2.1.3 场景营销之战：连接、数据、场景 ······ 062
- 2.1.4 用户争夺战争：打破媒介束缚，创造消费者欲望 ······ 064

2.2 场景与消费者决策：颠覆传统的消费者行为决策路径

- 2.2.1 从"消费介入—决策"模型看场景化营销 ······ 067
- 2.2.2 情境消费：抓住需求痛点，改变消费者行为决策 ······ 069
- 2.2.3 移动场景：构建场景，实现营销到购买的转化 ······ 070
- 2.2.4 即时连接：实现用户、产品与服务的无缝连接 ······ 073

2.3 场景营销的本质："体验+连接+社群"的三维解读

- 2.3.1 场景营销三要素：体验、连接、社群 ········· 075
- 2.3.2 场景体验：引发消费者情感共鸣 ········· 077
- 2.3.3 场景连接：多元化场景下的跨界融合 ········· 078
- 2.3.4 场景社群：App场景实现社群价值最大化 ········· 078
- 2.3.5 广告家：场景营销在移动时代的"进化" ········· 082

第3章
场景商业时代，企业如何构建场景营销模式？

3.1 场景构建：抢占移动互联网时代营销制高点

- 3.1.1 未来商业的竞争是场景营销之争 ········· 091
- 3.1.2 场景争夺：主战场从入口转向场景 ········· 094
- 3.1.3 场景构建：场景模式落地的三个关键点 ········· 096
- 3.1.4 场景App：构建App场景的三个原则 ········· 098

3.2 场景挖掘：在场景中寻找痛点，满足消费者的场景需求

- 3.2.1 "微信红包"的背后：场景挖掘与延伸 ········· 101
- 3.2.2 定位挖掘：注重场景与产品的连接性 ········· 102
- 3.2.3 时机挖掘：利用现有场景实现产品价值 ········· 103
- 3.2.4 需求挖掘：营销即生活，生活即场景 ········· 105

3.3 场景创造：让消费者在场景中产生强烈的参与感

- 3.3.1 从缺席到在场：与消费者建立场景互动 ········· 107
- 3.3.2 听觉在场：营造身临其境的场景体验 ········· 108

3.3.3 视觉在场：营销真实的现实场景环境 ………………………… 109
3.3.4 身体在场：实现与消费者的亲密接触 ………………………… 110
3.3.5 观念在场：以消费者为主体的观念互动 ……………………… 110

3.4 场景营销的三个维度：如何吸引消费者购买？
3.4.1 时间维度：碎片化时代的"聚"营销 ………………………… 113
3.4.2 空间维度：移动连接场景，打破空间限制 …………………… 115
3.4.3 关系维度：以社交关系切入互动场景 ………………………… 116
3.4.4 移动场景的构建法则：在特定时间、地点提供需求服务 …… 117

3.5 社交场景：基于社交平台下的场景营销法则
3.5.1 可口可乐：个性化定制下的多平台联动 ……………………… 121
3.5.2 特斯拉：强连接力品牌下的新生态 …………………………… 123
3.5.3 社交场景营销的内核：场景+关系+内容+互动 ……………… 124

3.6 谷粒多：借助《奇葩说》构建"花式扛饿舞台"营销场景
3.6.1 打造专属场景，建立与消费者的情感连接 …………………… 127
3.6.2 凸显"扛饿"卖点，构建立体化营销平台 …………………… 129
3.6.3 借助《奇葩说》红人辩手能量，推出场景式广告 …………… 130

第4章
LBS 场景营销：基于实时定位的场景营销模式

4.1 LBS 营销的商业价值：如何演绎"定位"营销？
4.1.1 终端顾客价值：为消费者创造全新的场景体验 ……………… 135
4.1.2 企业商家价值：为消费者提供精准化的营销服务 …………… 136

4.1.3　资源共享与互换：从签到应用看 LBS 的核心本质 ················ 140

　　　4.1.4　微信 PK 微博：找寻商业价值与盈利增长点 ····················· 144

4.2　LBS 场景营销模式：智能化、个性化与场景化

　　　4.2.1　LBS 场景营销：智能化 + 个性化 + 场景化 ······················ 149

　　　4.2.2　LBS 场景营销模式的三大应用领域 ······························· 152

　　　4.2.3　位置开放：本地生活服务的精准营销之路 ······················· 155

4.3　二维码营销：智能手机时代的营销模式创新

　　　4.3.1　二维码的十八种商业化场景应用 ·································· 157

　　　4.3.2　二维码在企业中的五种场景应用 ·································· 166

　　　4.3.3　实体店如何借助二维码进行场景营销？ ·························· 170

第 5 章
O2O 场景营销：碎片化场景下的新型商业模式

5.1　场景 O2O 实战：线上虚拟场景与线下消费场景的连接

　　　5.1.1　从摇红包到摇礼券：O2O 营销场景的构建 ······················ 175

　　　5.1.2　场景营销在 O2O 模式中的两大优势 ······························ 177

　　　5.1.3　引爆 O2O 场景：产品思维与营销工具的深度结合 ············· 178

　　　5.1.4　尚品宅配：未来家居 O2O 的场景应用模式 ····················· 180

5.2　LBS +O2O：如何将定位消费场景与 O2O 有效结合？

　　　5.2.1　"LBS +O2O"场景模式：消费半径上的精准营销 ·············· 185

　　　5.2.2　"LBS+O2O"场景模式的四家典型代表企业 ···················· 186

　　　5.2.3　"LBS+O2O"模式的下一个突破点：强化社交功能 ············ 191

5.2.4 "地图+支付"场景模式：将场景嵌入O2O商业模式 ············ 193

5.3 案例解析：如何在场景营销模式下玩转O2O？
　　　5.3.1 微车：车联网时代，微车O2O模式的制胜秘诀 ················ 199
　　　5.3.2 世茂股份：构建O2O场景模式，打破传统O2O逻辑 ············ 204

第6章
O2M营销：打造以消费体验为中心的全场景购物模式

6.1 场景+渠道：移动互联网时代的渠道场景模式
　　　6.1.1 场景与渠道的概念划分 ·································· 213
　　　6.1.2 如何打造基于渠道构建的O2M场景？ ······················ 214
　　　6.1.3 如何打造脱离渠道的独立场景？ ·························· 216
　　　6.1.4 "场景+渠道"模式对O2M的战略意义 ····················· 218

6.2 O2M场景实践："线上流量+线下场景"的相互转化与融合
　　　6.2.1 Online：将线上流量转移到移动端 ························ 221
　　　6.2.2 Offline：整合线下资源，打造新的购物场景 ················ 225

第7章
"互联网+零售"时代，实体零售店的场景化营销变革

7.1 立体化构建场景体验，多维思考实体零售转型
　　　7.1.1 体验为王：痛点痒点的滚动迭代 ·························· 235

7.1.2 行走在场景：消费过程的分离 ······ 236
7.1.3 立体化匹配：多维共融共通 ······ 238
7.1.4 消费者中心化：大数据与社群 ······ 238
7.1.5 美国实体零售品牌的场景营销 ······ 240

7.2 智慧店铺与购物场景：实现与消费者即时高效的个性化互动
7.2.1 智慧店铺的完美购物场景 ······ 245
7.2.2 虚实空间的实时交互主体 ······ 246
7.2.3 店外线上引流+店内体验交互 ······ 247
7.2.4 商品信息第三方传播 ······ 249
7.2.5 朝阳大悦城+百度：延伸线下消费场景 ······ 250

7.3 营造顾客体验的卖场设计战略
7.3.1 卖场环境氛围的体验设计 ······ 255
7.3.2 产品组合的体验设计 ······ 257
7.3.3 产品本身的体验设计 ······ 260

实操案例分享：解密世界网络银行·商城的场景聚合 ······ 263

第 1 章

场景 + 营销：移动互联网时代的商业新秩序

1.1 营销大变局:"互联网+"时代,传统营销模式的重构与转型

1.1.1 "互联网+"时代,传统营销模式的迭变

随着社会发展,我国的人口结构发生了变化,80后90后成为主要的消费群体。作为新兴消费群体的80后90后,不仅蕴含着巨大的消费能力和消费潜力,成为推动我国市场发展的驱动力,而且作为在互联网时代成长起来的一代人,他们的消费行为、消费习惯、消费意识正影响着整个市场的发展。

2015年3月5日,李克强总理在《政府工作报告》中提出"互联网+"行动计划,随后各大行业纷纷开始与互联网融合,进行转型,而我国的经济也必将在"互联网+"时代飞速发展。

从表面上看,这一互联网热潮是伴随着互联网相关技术的发展而兴起的,但实际上它离不开消费主体改变所带来的影响。一方面,80后90后是在物质充裕、资源丰富的环境下成长起来的一代,他们对物质财富的认识、对人生价值的追寻、对冒险探索的理解都将影响整个商业模式;另一方面,80后90后是伴随着互联网的发展成长起来的,他们的消费习惯和消费行为都与互联网密不可分,同时,互联网也是他们的主要社交和娱乐平台,通过互联网,他们获取最新资讯并与其他消费者交流分享购物体验。此外,80后90后的消费行为受情绪影响较大,容易冲动性消费。

对于这样的消费群体及其消费习惯,新希望六和联席董事长兼CEO陈春花

场景营销：
大连接时代的"营销颠覆者"

曾这样说过："今天80后已经有超过60%的消费者在网上买东西。倘若你不能在网上卖，那么你已经与60%的80后消费者没有关系。当他跟你没有关系的时候，我相信你也就被淘汰出局了。"

在移动互联网时代，时间碎片化、在线实时化、消费理性化、资讯获取社交化、传播去中心化、网络圈子化等成为消费群体的显著特征。消费者在做出购买决定之前往往会货比三家，选择发货速度最快、产品质量最优、价格最优惠、售后服务最完善的商家。

随着移动互联网的发展，线上线下的界限被打破，用户可以随时随地接收到信息，只要打开App应用，就能获取相应的信息和服务。信息技术的变革带来了商业模式的重构，对于企业来说，只有占据移动智能终端市场，才能获得发展优势。

随着移动互联网时代的来临，商业结构也随之发生变化，消费者对个性化、定制化的产品和服务产生了巨大需求。大众化产品已无法引起消费者的注意，无法激发他们的购买欲望。消费者所需要的是能够彰显个性、体现用户价值的产品和服务。

从消费者，尤其是80后90后消费者的角度看，能够吸引他们的产品不仅需具备强大的使用功能，还必须有漂亮的外包装设计、完善的售后服务等，越是能体现消费者品位的产品，越能引起他们的情感共鸣，激发他们的购物欲望。

因此，企业在设计产品时，必须充分了解消费者的需求，将价值、梦想等情感因素融入产品中，既满足消费者的物质需求，又能引起其精神共鸣。在移动化的场景时代，场景营销之所以有巨大的市场发展空间，原因就在于企业通过构建特定的场景，还原了人们真实的生活，引起了他们情感上的共鸣，从而提升了销售量。

2009年，美国互联网营销专家查克·布莱默（Chuck Brymer）在其著作《互联网营销的本质——点亮社群》一书中，将互联网营销的本质概括为以最小的投入获得最大的产出。

企业在前期准备中，需要准确定位目标受众，完美策划营销战略，广泛传播企业品牌，从而形成巨大的品牌效应。企业在营销过程中，最关键的一点就是如何设计产品，使之与其他企业的产品有明显的区别，从而让消费者在众多的同类产品中，选择自己的产品。

当今时代，互联网化和全球化成为市场竞争的两大主题。

★从市场结构来看，产品供应方的数量与日俱增，呈现出飞速发展的趋势，在以买方为主的市场竞争中，企业要想生存下来，必须准确把握消费者的需求，为其提供个性化的服务；

★从消费趋势来看，消费者的地位日益提升，消费者的需求也趋向个性化，大众化的产品已不能满足他们的长尾需求；

★从技术发展的角度来看，随着大数据技术、移动互联网技术等的发展，企业有了获取消费者信息的便利渠道，因而可以按需供应，为消费者提供他们所需要的产品和服务，进而以最低的投入获得最大的产出。

不管哪个时代，营销的本质都是企业与消费者建立良好的互动关系，通过这种关系吸引顾客消费，并形成用户黏性和忠诚度。从消费者的角度看，互联网向移动互联网的转型改变了人们的消费行为和消费方式，打破了时间和地域的限制，消费者可以随时随地购物。但企业需要考虑的是，如何在移动互联网时代有效发挥线上线下渠道的积极影响，为消费者提供个性化、便利化的服务。

营销之父科特勒曾预言，大数据技术、移动互联网技术等的发展，为企业的转型提供了多种选择：从注重大众化的商品生产变为提供个性化的定制服务；市场由卖方市场变为买方市场，更加重视消费者的中心地位；在产品的生产方面，也以消费者的需求为准；经济朝着全球化方向发展。

1.1.2 大数据营销：大数据精准营销的八大价值

在信息技术迅猛发展的推动之下，数字化时代已然来临，身处如此背景之中，企业在发展的道路上又有了新的挑战，即如何驾驭数据使之为我所用，因为在如今的市场里数据已成为新的竞争命脉，利用数据洞察消费者即是差异化竞争的关键所在。

其实，从本质上来说，互联网就是数据，它的独特魅力就是可以追踪、引导网络上的任何行为。

照这样看来，我们常说的互联网公司其实就是数据公司，它们通过浏览、分享、购买等行为掌握网络中的信息并进行分析，便可以对消费者的消费行为、消费习惯与消费心理有一定的了解，并获悉其消费预期以及潜在的消费需求。如此一来，商家就可以以较低的网络推荐成本，获得较高的消费者满意度。

目前，国内在消费者行为数据收集与分析方面规模最大的当属互联网三巨头之一的百度，正是因其有大规模的数据库，又配之以多维分析工具，才能为企业提供消费者地域分布与消费偏好的定位，并使之成为新的收入增长点。

当时间的脚步迈入移动互联网时代，企业在经营策略上发生了翻天覆地的变化，传统的以产品为中心已不适应时代的潮流，取而代之的则是以用户为核心。要在这一新形势下取得先机，就必须对用户进行深入、细致的了解与分析，对其喜好、行为习惯等特点了然于胸，真正了解其消费需求以及潜在需求，而这些都需要大数据的帮助。

《大数据时代》的作者维克托·迈尔·舍恩伯格在书中明确地告诉人们，大数据时代已然到来，而马云也在2013年卸任CEO演讲时说过，在人们还没有搞清移动互联网的时候，大数据时代来了。也就是说，运用大数据思维武装自己的时机已经到了，所有数据背后隐藏的价值都在等待着我们去发掘。

那么，大数据思维究竟是什么呢？

维克托·迈尔·舍恩伯格告诉我们这样一个答案（图1-1）。

图1-1 大数据应具备的三个关键因素

★第一，所需数据的样本是所有，随机抽样并不能得出正确的结论；

★第二，注重解决问题的效率，精确度其实并不需要太过关注；

★第三，问题之间的相关性要着重关注，因果关系不是重点。

大数据虽然名为"大"数据，但其真正的意义并不是"大"，而是落脚于"有价值"。

综上所述，所谓大数据思维，其实就是能够对数据本身所具备的价值有一定的理解，并在此基础上对其合理利用，提供相关结论作为企业经营决策的依据。

在有识之士看来，未来所有企业的发展都是受数据驱动的，因为所有的一切都会被记录，也都会被数字化。事实上，未来已不遥远，而那些大型商业巨头早已悄无声息地运用起了"大数据"这一有力武器。

大数据究竟能做什么，巨头们已经给出了答案，无论是市场营销、成本控制，还是产品服务、管理决策的创新，乃至商业模式的更新换代，都需要大数

场景营销：
大连接时代的"营销颠覆者"

据来驱动。移动互联网时代已经被数据生意所占据，所有的盈利模式都与大数据息息相关，PC时代的核心——流量已经渐渐衰落。

在这样的形势下，大数据营销已经显现出了惊人的能量：速度非常快，成本又几乎为零，俨然成为企业必不可少的精准营销方式。消费者在网络上的海量行为数据都被实时监测或追踪着，通过对这些数据的筛选与分析，就能定位到目标客户，然后向他们推出相应的营销方案。

事实上，所谓大数据营销其实就是在进行有效预测，它能够根据之前监测或追踪到的用户的足迹，对接下来要做的事情进行预测，然后据此向用户推荐可能会用到的商品。也就是说，对数据的分析完美地实现了从监测到预测的转变，而数据所蕴藏的价值也得到了极致挖掘。

那么，大数据营销到底有何价值呢？对于大部分企业来说，其价值主要体现在以下几个方面（图1-2）：

①对用户的行为、特征进行分析

如上文所说，只要汇聚到足够数据，就能够凭此分析出用户的喜好和消费习惯，甚至能比用户自己更了解其需求，而这其实也正是大数据营销的前提与出发点，大数据对企业的首要价值也正在于此。

企业可以通过大数据获悉目标客户的消费习惯、行为以及心理等，然后对自己的产品进行精准定位，为目标客户提供更有针对性的产品。

②在引导产品以及进行营销活动时对用户投其所好

一种产品不可能满足所有人的需求与期待，唯有对主要目标群体投其所好才可占得市场先机，而要做到这一点需要在产品投入生产之前就对目标客户群体以及潜在客户群体有深入的认知，并了解他们对产品有何期待。

如今，大数据营销的运用使得所有的消费行为与营销行为都数据化了，因此企业借助这一有力武器所执行的营销活动就形成了一个围绕数据的营销闭环。

在这方面，影视产品就做得非常好，美剧《纸牌屋》在投拍之前其出品方Netflix就通过大数据对目标受众作了分析，得到了他们最喜欢的导演及演员名单，结果显而易见，《纸牌屋》一面世就俘获了大批受众的心。

国产电影《小时代》也是如此，在刚刚放出预告片时，片方就通过大数据分析出了影片的受众群体主要是九零后女性，于是之后的一些营销活动都围绕着这一群体展开，果然取得了不错的票房。

- 对用户的行为、特征进行分析
- 在引导产品以及进行营销活动时对用户投其所好
- 对竞争对手进行实时监测与推动品牌传播
- 帮助企业筛选重点客户
- 对用户体验进行改善与提升
- 支持客户分级管理
- 发掘新的市场与趋势
- 分析与支持市场预测与决策

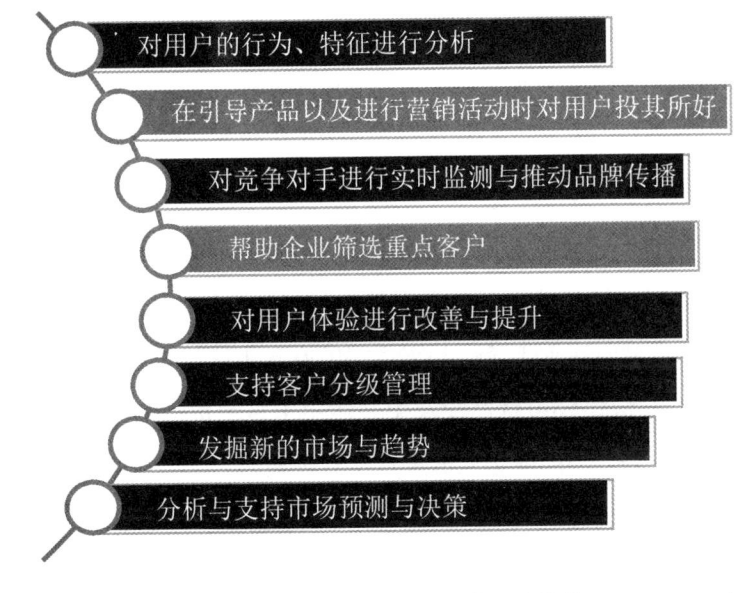

图1-2 大数据精准营销的八大价值

③对竞争对手进行实时监测与推动品牌传播

对于企业来说，是特别想了解竞争对手的各种信息的，而竞争对手是绝对不会主动告诉你的，那应该怎么办呢？仅靠猜测，还是像商战电影里那样派商业间谍？当然不是，现在靠大数据进行实时监测就可以做到。

而在品牌传播方面，大数据的用途也很广，比如可以分析传播趋势，帮助品牌进一步扩大传播范围；可以分析传播的内容特征，帮助品牌进一步深入人心等等。

④帮助企业筛选重点客户

面对浩如烟海的用户,企业家们心中大都有一个问号,那就是哪些用户是最具价值的,而如今有了大数据的介入,这个问题便有了事实依据。

追踪用户在网络上的足迹,从其访问的各种网站中了解其近期所关心的东西能否与企业产生相关性;也能通过用户在社交媒体等平台上发布的状态、评论或是互动等内容找到想要了解的信息,并发掘出千丝万缕的联系,然后再进行关联组合,以筛选出企业的重点客户。

⑤对用户体验进行改善与提升

当下,用户体验已成为企业市场竞争力的重要组成部分,所以对其进行改善与提升是极为重要的。而企业要做到这一点的前提是必须真正了解用户并掌握其使用产品的状况,适时适当地提醒。

例如在汽车领域,车辆运行的各种信息可以得到汇集在一起,一旦汽车的关键零部件出现问题,就可以发出预警,无论预警对象是用户还是4S店,都能在节省金钱的同时保护生命。其实这一价值并非是现在才有所体现,早在2000年美国的UPS快递公司就已经发掘并运用了这一价值,他们对美国6万辆车辆进行实时检测,为的就是能够进行及时修理。

⑥支持客户分级管理

如今,新媒体技术的更新换代可谓是日新月异,越来越多的企业开始对粉丝公开内容及互动记录进行分析,以求将粉丝转化为企业的潜在用户,并为其进行了多维度的画像。

对于那些比较活跃的粉丝,大数据能够分析其互动的内容,并设定种种规则,将潜在的用户与会员之间的数据进行关联,最终定位目标受众,这样一来企业便可以针对目标受众群体进行精准化营销,将社会化数据引入到客户关系管理之中。

⑦发掘新的市场与趋势

有了大数据这一强有力的武器,企业家们在洞察新市场时就有了更为准确的依据，并能更为精准地把握市场的走向。曾经，阿里巴巴就洞察到了国际金融危机的到来；而在 2012 年美国大选时，微软研究院以极高的准确率预测了美国 51 个选区中 50 个选区的选举结果，使用的工具即是大数据模型。

⑧分析与支持市场预测与决策

凡走过必会留下痕迹，用户在网络世界畅游也会留下自己的足迹，于是就产生了各个方面的大数据，比如浏览信息、社交关系、消费行为等。而这些数据的沉淀对于企业来说是非常有帮助的，可以为企业的预测与决策提供支持。对每一位消费者、每一件产品以及每一项交易活动进行数字化，就能够最终还原每位消费者的原始需求。

曾经，商界巨头索尼的衰落令无数人为之唏嘘，而探究其衰落的根本原因，索尼创始人是这样认为的：新一代的互联网企业能够凭借新模式与技术更贴近消费者，并能够理解其需求，还能对其各种信息进行分析与预判；而传统的产品公司如不能及时做出反应，衰落自然难以扭转。也就是说，传统的产品公司在对消费者意愿及主权把握等方面不及互联网公司灵活。

维克托·迈尔·舍恩伯格早就对大数据时代进行了预言，以大数据为核心的商业价值将成为各行各业争相开发利用的焦点，因为大数据成就了一个时代的转型，就像是望远镜的出现让我们可以认识宇宙、显微镜的发明让我们能够观测微生物一样，这是我们认识世界、理解世界以及改造世界的方式的改变，由此会衍生出大量的新发明与新服务，并会带来更多的改变。

1.1.3 社群营销：社群粉丝效应下的营销裂变

人类的生存发展以社群为基础，从原始时代开始，人类就以部落为生存单位。在生产力低下的时代，人类只有聚集在一起，才能积聚力量，获得食物，战胜自然。随着社会的发展，好的社群依然能够发挥积极影响，给人精神上的愉悦，使人获得安全感。但在当今社会，这种值得信任的社群却如凤毛麟角，少之又少。

一般而言，人们活动最为频繁的社群就是家庭和公司。在与家庭成员交流沟通的过程中，有时会涉及经济利益，而与公司社群成员联系时，更无法避免利益纠纷。只有一部分人生活在相互信任的家庭和公司中，与社群成员的交流沟通也是以相互信任为基础，并且能从家庭和公司中获得内心的安宁、精神的愉悦。

作为一个独立的个体，人们有很大的自主权，可以自由选择想要加入的社群。这就意味着，他们所加入的社群是经过他们认可的，社群的性质、特点，他们在加入之前就有了比较清晰的认识，因而就会信任所加入的社群，获得安全感和愉悦感。

法国社会心理学家古斯塔夫·勒庞在其著作《乌合之众》一书中提到，外界环境很容易影响社群的选择。由于社群成员期望得到别人的关注，因此一旦有来自外界的关注，他们一定会受其影响，并且社群具有判断力低下、缺乏理性、容易轻信等特点，致使他们会轻易相信外界的所有暗示，做出非理性决定。作为独立个体的人，在进入社群之后，会丧失个人判断，转向集体无意识。

社群是将具有相同兴趣爱好、个性特点的人聚集起来的部落，社群中的成员对外会呈现共同的特征，有着相同的消费习惯。例如，穿阿玛尼、范思哲的人不会跟穿李宁、安踏的人组成一个社群，开玛莎拉蒂、阿斯顿·马丁的人也不会跟开吉利的人组成一个社群，而出入高档餐厅的人也不会与经常光顾路边摊的人组成一个社群。

随着移动互联网时代的来临，消费者对产品价格的敏感度降低，转而关注产品所带来的体验以及口碑、文化、魅力人格等情感因素。优质的产品能促进企业与消费者的联系，加强他们彼此的信任；同时，企业也更愿意和一群有共同兴趣爱好、价值观念的消费者交流互动，从而形成品牌效应。

社群精神是凝固社群成员关系的重要因素，它能够激发成员的创造力和活力，挖掘出成员的潜力，对社群的发展起到促进作用。而这种社群精神常常出现在高凝聚力的社群组织中，其成员会对社群产生极大的依赖性和黏着性。

随着互联网的发展，时间和空间的界限被打破，人们可以更方便地交流信息，有着相同兴趣爱好的人可以聚集在一起，组成社群。

2009年，美国互联网营销专家查克·布莱默（Chuck Brymer）在其著作《互联网营销的本质——点亮社群》一书中指出，随着互联网的发展，我们的生活方式、价值观念、消费行为等都将发生变化，尤其是商业模式将会发生翻天覆地的变化。

在移动互联时代，企业需要找到消费者的兴奋点以及消费群体中的意见领袖，从而实现品牌效应。

2014年2月22日，酣客公社成立。作为一个白酒粉丝社群，它成功地吸引了以马云为首的一批中年企业家粉丝。最关键的是它没有进行任何商业包装和媒体传播，仅用时115天就在全国各地成立了35个分社，拥有成员3000人。

酣客公社以研讨酒文化和粉丝经济为主题，将喜爱白酒的粉丝聚集到一起，并以点带面，向外延伸，形成广大的覆盖范围。在酣客公社中，信息和品牌可以低成本实现跨界传播，并且速度很快。

随着互联网的发展，传统的商业格局被打破，市场重塑新的商业模式；市场竞争由以产品为中心转向以用户为中心，致力于为消费者提供最优质的服务。通过移动互联网，企业拉近与消费者的距离，并实现良好的交流互动，从而发挥社群效应。

在传统工业时代，产品是企业竞争的主要因素，而随着移动互联网时代的来临，社群价值逐渐取代产品的价值，并产生了重大影响。社群成员的需求可以直接反馈给企业，而不需要通过任何中介。

小米成功的关键性因素就是"为发烧而生"的设计理念吸引了一大批粉丝，从而形成一个社群。这个社群中的成员对手机有着共同的需求，他们希望使用质量较好、性价比较高的手机。而对于小米来说，它不需要去调查每一位用户的需求，只需了解小米社群中用户的需求即可，这些用户就是它的潜在客户。

以电影行业的《归来》和《小时代》为例。奥斯卡导演斯皮尔伯格看了《归来》后，十分感动，并且它的口碑也很好，但是票房仅有2亿。与之相比，《小时代》的观众评价极低，但票房却高达7亿。为什么会出现这种现象？《归来》的时代背景已与当下90后00后生活的时代不同，因此也就无法引起他们的共鸣，而《小时代》则恰好与他们的消费观念相吻合。

此外，《小时代》是郭敬明小说的翻拍，他的粉丝势必会为电影版《小时代》的票房做出贡献。这也说明，并不是拍摄技术好、内容优质的电影票房就一定高，票房最终由粉丝社群决定。

既然社群能产生如此大的影响，那么，对于企业来说，应如何构建自己的社群？克莱·舍基在《未来是湿的：无组织的组织力量》一书中提出，企业要构建社群需要具备目标、工具、行动三大因素，三者缺一不可（图1-3）。

图1-3 社群构建的三大因素

★共同的目标：它能够将具有相同兴趣爱好的个体聚集起来，形成社群。

★高效率的协同工具：它能提高社群成员的工作效率，达到事半功倍的效果。

★协调统一的行动：它能够维持社群稳定，并实现社群成员的共同目标。

逻辑思维在进行"失控"式发展时，将有相同兴趣爱好的粉丝聚集起来，形成社群，从而提升社群的品牌性和知名度，并吸引更多粉丝加入，进而形成良性循环。从中我们可以看出，将产品和服务做到极致化、细微化，有助于为消费者提供个性化、定制化的产品和服务，使产品以消费者喜闻乐见的形式传播，以此形成用户黏性和忠诚度。

虽然社群成员有着共同的目标和兴趣爱好，但他们每个人还有自身的特点，因此应精确划分社群成员，满足每一个社群成员的需求，最终实现产品营销渠道的转变。所以，消费者获得的产品和服务可能是免费的，也可能是参加活动赠送的，但产品所带来的愉悦感并没有发生变化。

因此，在移动互联时代，谁能够抓住时代特征，发挥社群价值，谁就能在激烈的商业竞争中掌握主动权。

1.1.4 场景营销：碎片化场景时代的营销新思维

《爆发：大数据时代遇见未来的新思维》的作者艾伯特-拉斯洛·巴拉巴西曾说："人类的很多活动都是重复性的活动。我们倾向于去同一个地方工作、同一个地方娱乐等，因此这些行为都具有很大的可预测性。以前，我们没有收集数据并因此发现这些规律的手段。现在，随着手机及其他类似工具的出现，我们可以轻易量化这些规律，可运用这些规律蕴含的预测能力。"

随着移动化场景时代的来临，消费者的消费行为和消费习惯发生了翻天覆地的变化，与此同时，商家营造的消费场景也在发生变化。消费者被大量的营销广告包围，不断获取产品的最新信息，由此，原本静止的消费行为会被随时构建的营销场景触发，营销从单纯的卖货转向搭建合适的场景，并摆放合适的产品，在商家与消费者的互动中销售产品。

因此，在移动互联网时代，如何实现场景化营销，以及如何将内容与场景有效匹配发挥应有的效应成为企业共同面对的问题。场景不仅涉及广告传播的渠道，更与消费者的购物体验密切相关，构建特定的场景，可以引起消费者情感的共鸣，进而激发他们的购买欲望，最终形成品牌效应。

场景构建在产品的营销中占据着十分重要的地位。只有基于用户的需求，贴近实际，才能创造出真实的生活场景，而研究消费者的生活习惯和消费行为则能够帮助企业研发新产品，营造场景，驱动消费者为产品买单。将广告宣传与消费者的现实生活和产品特点相对接是企业进行广告宣传的常用手段。

例如，绿箭口香糖在影院里的广告是"这里你可以靠得很近，有绿箭你可以靠得更近"，而斯巴鲁在健身房的广告词"为你的坚持买单"，就与健身房的场景相吻合。

实际上，简单的广告推送不能被称为真正的营销，因为它没有从情感上触动消费者。只有那些精心构建了真实生活场景的产品，才能从情感上触动消费者，激发他们的消费欲望，同时还能够让他们自主传播产品信息。当消费者自愿参与到产品的宣传中时，广告对于他们便不再是干扰，而是生活中必不可少的内容，由此，产品就能在更广范围内传播，得到更多消费者的支持。

一般而言，企业要想使产品打动消费者，都需要构建一定的场景。随着移动互联技术、智能家居、大数据、实时传感器等的发展，企业在获取消费者信息方面有了便利的渠道。例如，可以借助移动互联网通过移动智能设备实时获取消费者的信息。通常，大部分人都是24小时随身携带移动智能设备，因此，企业获取的数据就更为实时、有效、精准。

例如，易到用车作为最具创新力的汽车共享预约服务平台，有着非常高的用户黏性和使用频率。它在全国范围内建立了专车、司机和服务场景，为用户提供高品质的服务（图1-4）。由此，更多的品牌开始与易到和滴滴跨界合作，构建营销场景。

图1-4 易到用车囊括的车型

例如，国内知名主持人李静创立的静佳JPlus品牌与易到合作，共同推出车载香氛精油；2015年，谷物品牌家乐氏与易到联手，为专车提供早餐服务。

通过一个个具体的场景，品牌实现跨界合作，吸引了大量的消费者。

例如，同样是咖啡，但在不同的场合，它与不同的品牌相结合，会产生不同的营销效果。

在星巴克和Costa，咖啡与商务相融合；在方所和单向街，咖啡与文化相融合；在漫咖啡和咖啡陪你，咖啡成了消费者在闲谈时的甜品；而字里行间和雕刻时光则将咖啡与书籍融为一体，打造出一家概念书店。在不同的场合，咖啡扮演的角色也不同，但相同的是，咖啡在人们需要它的场所出现，因而提升了消费者在那一场景中的消费体验。同理，不仅是咖啡，其他任何事物都可以在需要它的场合出现，进而产生巨大的影响。

随着移动互联网的发展，企业可以通过更多的渠道为消费者提供服务，满足其长尾需求。企业通过构建特定的场景，可以引起消费者情感上的共鸣，激发他们的消费欲望。由此可见，随着移动化场景时代的来临，企业的商业竞争将转向场景的竞争。

1.2 场景时代的来临：重构商业、生活与消费的连接

1.2.1 互联网发展路径：流量时代、数据时代、场景时代

互联网对传统商业生态的变革是颠覆性的。互联网发展经历了流量时代、数据时代和如今的场景时代三个阶段（图1-5）。在不同发展阶段中，互联网对商业系统的重构模式也有所不同。

图1-5 互联网发展经历的三个阶段

（1）第一阶段：流量时代

在互联网兴起之初，不论用户还是商家都处于摸索阶段。这时，对于企业来说，最重要的是能够赢得用户的关注。互联网作为一个新生事物来到人们面前，任何内容都会引起人们极大的参与兴趣。因此，对于各个企业来说，这一阶段主要是入口之争。谁占据了网络入口，谁就能拥有流量，也就会获得用户的关注。

这一阶段可谓是互联网企业发展的黄金时期。借助互联网在社会生活中的快速发展，越来越多的人加入互联网领域。企业只要能够有效地满足用户的核心价值诉求，就能够引起用户的关注，占有庞大的流量，并逐渐形成自身产品和服务的竞争优势。

这是一个爆发式的野蛮生长阶段，大量企业都获得了初期发展的流量红利，并逐渐形成了固定的行业格局。

例如，在互联网门户领域，经过激烈的角逐，最终形成了新浪、腾讯、网易、搜狐四大门户网站；在团购行业，经过几年的"多国混战"之后，也迅速形成了以美团、糯米、大众点评、拉手、聚划算等为主导的行业格局。

（2）第二阶段：数据时代

在经历了"流量为王"的第一阶段之后，各个领域的用户流量增长放缓，趋于平稳，行业入口也大致固定下来。这时，随着大数据技术和云计算应用的发展，企业的互联网市场竞争进入了数据化时代。

具体而言，这一阶段的企业，无法再单纯依靠流量的增加实现快速发展，而需要对用户需求进行深度地分析挖掘，满足用户更深层次的价值诉求，从而创造出更多的商业价值。利用大数据等技术工具，企业能够对用户的消费诉求、行为特征、兴趣偏好等信息进行搜集、整理、分析、归类，更加精确地定位不同用户的消费需求，从而为用户提供更加多元化、个性化的价值体验。

例如，腾讯在经过初期发展，占有了庞大的流量之后，转而开始注重为用户提供更加优质的增值和延伸服务，以挖掘出更大的商业价值；淘宝等电商平台以及百度搜索等门户网站，也是在获得了大量用户之后，开始通过各种途径进行流量变现。

如果第一阶段的流量时代是以"量"取胜，那么第二阶段的数据时代就是以"质"取胜，即流量红利期结束，企业更应侧重如何通过深耕细作，为用户提供优质的个性化体验，从而将流量变现。

互联网是一个创新求变的领域，始终处于高速变化发展中。对于企业来说，互联网时代的商业环境可谓瞬息万变，以往市场的"大鱼吃小鱼"模式，被"快鱼吃慢鱼"的竞争方式所取代。因此，企业只有及时敏锐地把握互联网的阶段性特质，进行运营模式和思维的转型创新，才能在风云变幻的市场竞争中占据主动地位。

简单来讲，互联网具有阶段性特征的直线替代关系，即后一发展阶段的特质会直接取代前一阶段的特质。这既是互联网创新求变的本质要求，也是在互联网领域，那些市场反应敏捷、发展机动灵活的小微企业更容易取得成功的原因。

这就如同一个在大雪中追逐野兔的猎人，需要始终保持快速敏捷的反应，以随时掌控猎物的动向，而当猎物线索消失后，就要果断放弃，转而寻找新的机会。互联网时代的商业竞争也是如此，若不能及时把握这一阶段发展的最佳时机，就会在竞争中处于弱势，直到再次抓住新的发展阶段的机遇。

（3）第三阶段：场景时代

经过了流量的野蛮发展和数据化的深耕细作之后，用户的产品需求早已达到饱和，同质化的线上体验也呈现出疲倦状态。仅靠线上体验的创新，已经无法有效激发用户的参与兴趣。这时，互联网发展自然就进入了新的阶段，即场景化体验时代。

这是一种垂直化、细分化、个性化的价值诉求，是一种线上线下体验的高效整合，是线下流量的线上导入。

随着智能终端和移动互联网技术的发展普及，网络入口呈现出多元化、即时性、场景化的特点，人们也始终处于碎片化的生活场景之中。这时，用户更看重的是基于碎片化场景的价值体验，而不仅仅是优质的线上产品和服务。

因此，企业要利用各种手段，准确定位和细化用户的不同场景需求，将线下的实时场景与线上的优质服务有效连接起来，通过构建新的体验场景，为用户"讲故事",从而满足用户个性化、垂直化、碎片化的场景诉求,实现价值创造。

其实,在经历了"流量为王"和"数据为王"两个发展阶段之后,线上仍可开拓的市场空间和商业价值已经变得极为有限。这时,企业需要做到的是,紧紧把握移动互联时代的经济新常态,积极挖掘线下的商业价值,利用移动互联网技术和平台,实现线上线下的高效连接整合,将线下流量导入线上,利用线上技术和平台升级改造线下业务流程。

相对而言,互联网的场景时代更加凸显了互联网作为工具和平台的角色功能,也更能体现互联网连接一切的本质。场景时代是一个追求体验价值的时代,需要企业通过线上线下的有效融合,为用户带来符合碎片化场景需求的体验价值。

简单来讲,对于互联网企业来说,他们需要更多的"互联网+";而对于传统企业来说,他们需要的则是"+互联网"。

1.2.2 告别流量迎接场景:已经到来的场景时代

随着移动互联网时代的到来,人们的生活方式逐渐发生变化,阅读、购物、出行、游戏、交友、视频等逐渐由PC端转向移动端,与此同时,海量的信息充斥着人们的生活,将大段的时间切割成一个个分散的时间段,时间呈碎片化发展。由此,企业在营销方式与策略上发生了变化,更加强调互动的及时性。

所有的变化都预示着营销已进入场景化时代,企业应更加注重用户的体验,为其创建真实的生活场景,以抓住其痛点和痒点。

(1)流量模式成明日黄花,移动互联讲究精准

在PC时代,"流量"是衡量一个网站人气高低的指标,而随着移动互联网的产生和发展，流量经历了四个阶段（图1-6）。

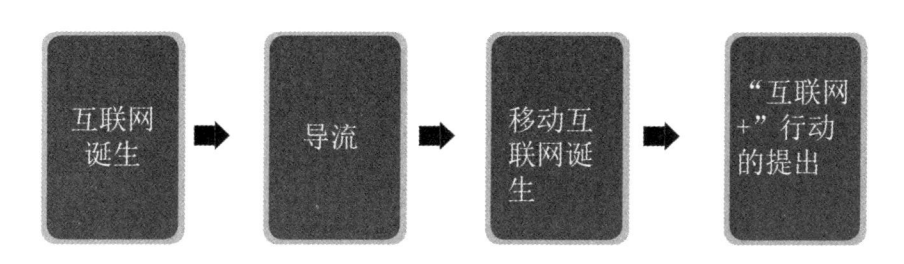

图1-6 流量模式经历的四个阶段

①第一阶段：互联网诞生

与互联网有联系的一切，如搜索引擎、网址导航、电子商务等，都会吸引用户点击访问，流量变现的成功率很高。

②第二阶段：导流

用户开始有选择地浏览网站，流量变现的转化率降低。为此，企业开始在网页制作、网站运营等方面投入时间和精力，推出"聚合搜索、导购"等模式，但仍然依靠流量获取利润。

③第三阶段：移动互联网诞生

随着移动互联网的产生及发展，时间和空间的限制被打破，人们的生活方式和生活习惯逐渐发生变化，移动端逐渐取代PC端成为用户上网的入口，时间呈现碎片化、分散化的状态，流量变现逐渐边缘化，用户以自我为中心，追求个性化需求的满足。

④第四个阶段："互联网+"行动的提出

2015年，李克强总理在政府工作报告中提出"互联网+"行动，使流量变现更加没有市场。在移动互联网时代，用户更要求享受基于场景化的服务。

（2）碎片化时间场景营销，让互联网不再焦虑

随着移动互联网时代的来临，时间趋于碎片化，用户可以随时随地浏览网页，获取信息，对于企业来说，如何在碎片化时代吸引消费者的注意力，实现精准营销成为困扰他们的难题。

在移动互联网时代,企业要想吸引用户、留住用户,形成用户黏性和忠诚度,就需要利用碎片化时间与用户及时交流沟通。

例如,企业可以创建一个真实的生活场景,让消费者在体验的过程中产生消费的欲望,从而实现营销的目标。这种基于场景化的销售,为企业在碎片化时代提供了新的营销思路,同时也预示着场景化营销时代的到来。订餐可以用饿了么、美团外卖等,打车可以用滴滴出行、PP租车等,而买电影票则可以用格瓦拉……

除此之外,场景化营销时代也更加以用户为中心,利用互联网、大数据等获取用户信息,并归纳分析,创建数据模型,抓住消费者的痛点和痒点,提供个性化的服务。

场景化在国内外的应用比较频繁,同时也产生了巨大的作用。例如,创建犯罪场景,可以重现犯罪现场,帮助警方破案,甚至可以在事故发生时,将伤害减少到最低;而在国内,场景化主要应用于购物等服务领域。毋庸置疑,现代社会已步入场景化营销的时代,社会生活、商业规则将发生翻天覆地的变化。

1.2.3 重新定义"场景":对场景商业的八个认知维度

(1)理解60秒马桶时间就能理解场景

由资深媒体人罗振宇创办的公众号"罗辑思维",每天早上6点半为粉丝推送60秒的语音;"马桶伴侣"多用于中东国家,或者出现于一些高档酒店的客房里。为什么"罗辑思维"一定要在6点半为粉丝推送60秒语音?"马桶伴侣"为何只在中东国家以及高档酒店出现?

因为人们一般会在6点半起床跑步,这时可以在晨练时听"罗辑思维",

而中东国家的风俗习惯使"马桶伴侣"在这个地区深受欢迎。也就是说由于场景不同,设计者在设计或推送产品时,会选择不同的策略。当符合特定场景的产品出现时,它便会受到消费者的喜爱和欢迎。

因此,传统企业可以将场景展示作为刺激消费者需求的方法。为此,传统企业需要对市场环境进行详细考察,了解消费者的痛点和痒点,并为此构建真实的生活场景,使产品与生活融为一体,真正做到为消费者创造价值。

(2)传统企业的致命弱点是没有这种场景感

无论商业规则如何变化,唯一不变的是企业需要与消费者保持良好的互动,但与互联网企业相比,传统企业的弱势就在于,它们无法与消费者保持良好的互动,以至于无法满足消费者的长尾需求。

例如出租车行业,在滴滴、易到和Uber兴起之前,人们的出行主要是依靠出租车。但是在打车过程中人们会遇到诸多不便,如打不到车、车费太贵等。这些被出租车行业忽视的消费者痛点却被崛起的互联网企业抓住了,同时,新兴的滴滴(图1-7)、易到和Uber等还能抓住消费者的痒点,为其提供满意的服务。基于互联网产生的P2P租车行业就是一种场景化的应用。

传统企业要从以产品为中心转向以消费者为中心,及时抓住他们的痛点和痒点,以适应场景化时代的发展。

(3)每一个场景都可能成为共享经济的一部分

在共享经济时代,产品的使用权和所有权相分离。消费者外出旅行所住的房子不是自己的,所乘的车子也不是自己的,而是通过Airbnb、Uber等软件租用别人的;同时,外出期间,自家的房、车也可能被别人租用。共享经济以分离所有权和使用权的方式,提高了整个社会资源的利用效率。

在未来,共享经济可能不再局限于住宿、交通等领域,还会蔓延到教育、医疗等其他行业,每一个生活场景都有可能成为共享经济的一部分。

场景营销：
大连接时代的"营销颠覆者"

图 1-7 滴滴出行 App

（4）从一个小场景切入，有无限的商业可能性

社群是一个有着相互关系的网络，通过社群，可以实现跨界。

处于同一个社群中的人或企业，他们之间总会存在相似性，比如兴趣爱好、价值观念以及生活方式等。从其中的一个个体入手，就可以联系到整个社群，从而发现无限机遇。

例如，某个影视明星的粉丝购买他的专辑或书，代表的就是喜欢这个明星的群体，他们有着相似的兴趣爱好、价值观念。从喜欢这个明星的影视作品，支持收视率，转向带动图书的销售，为商业的跨界提供了可能。

（5）"以人为中心"就是除了人什么都可以不要

"以人为中心"的观念不同于"以人为本",它不强调用户的重要性。

场景化时代的社群也会产生粉丝效应。当企业拥有1000个粉丝,并且这些粉丝完全认同企业的价值观念时,那么企业就不再把这些粉丝看成单纯用户,而是看作企业的拥护者了。

(6)没有亚文化表征的社群没有商业化的价值

亚文化是相对于主流文化来说的,是在某一地区或集体内流行的观念和生活方式。

随着经济的发展和社会的进步,资源短缺的时代已经过去,消费者开始追求精神上的满足,他们会选择自己认同的生活方式以及价值观念。如果场景中不具备他们所需要的亚文化表征,那么这一群体就会转向能满足他们需求的商业场景。

(7)场景没有优劣之分:从三个角度去考虑(图1-8)

角度一	角度二	角度三
・高频率场景 ・低频率场景	・重度场景 ・轻度场景	・密度场景 ・广度场景

图1-8 区分场景的三个角度

①高频率场景和低频率场景

高频率场景出于自身的特性,能够在最短的时间内吸引到众多的消费者,因此它应以获取用户为发展重点。例如,女孩喜欢美甲,会经常做指甲,但到美甲店却需要花费时间和精力。为此,河狸家推出上门O2O美甲服务,当消费者体验到这种服务的便捷性后,便会再次消费。

低频率场景与高频率场景正好相反,由于不具有信任关系,因此很难维持长久的合作，但单次消费的利润更高，如婚礼。

②重度场景与轻度场景

重度场景是指生活中随处可见的场景，如瑜伽、游泳等，有着广阔的市场资源，但容易造成恶性竞争。轻度场景与重度场景相反，它在生活中不常见，但蕴含着发展的潜力。

③密度场景与广度场景

密度场景是生活中人群聚集较多，并蕴含着情感成分的场景，同时密度场景还充当着其他场景相互联系的媒介。广度场景的提及率较高，但没有实际意义，需要向密度场景转变。例如，普通的咖啡馆没有内涵意义，若是做成一家集咖啡、聚会、文化于一体的综合场所，那么它就具有文化、情感上的意义了。

（8）没有数据部门的企业很快就会被淘汰

当今时代已是大数据的时代，企业的发展也离不开数据支持。随着时代发展，数据部门将会如销售、生产、人力资源等部门一样，成为企业的组成部分，而没有数据部门的企业将错失良机，被时代淘汰。

建立数据部门只是企业实现场景化营销的第一步。接下来企业要做的就是处理复杂的客户关系，即借助CRM系统，用大数据记录和分析用户的行为信息，并构建数据模型，创建用户图谱，以此了解消费者的痛点和痒点，为其构建真实的生活场景，从而实现场景化营销。

1.2.4 生活场景下的商业体系与营销系统

2015年伊始，随微信红包一起引起关注的，还有"场景营销"这个词语，各大门户网站、经济评论、相关论坛中都频频提及场景营销。

我们到底应该怎样去理解"场景"？场景营销在人们的生活中产生了什么样的影响？商家怎样才能在场景营销的激烈竞争中维持自己的地位？在考虑这些问题的时候，首先应该联想到《理解媒介》的作者马歇尔·麦克卢汉（Marshall McLuhan），曾表达过的一个观点，即立足长远，以退为进。

（1）商业体系统不开的"场景"

要正确理解"场景"，第一步要做的是抛开所有附加与衍生的解释，找寻这个词语的本义。

翻开《现代汉语词典》可以看到，对场景的阐述分为以下两种：戏剧、电影中的场面；泛指情景。

在这里我们论及的"场景"，指的自然是某种特定场合下的情景。生活中处处是场景，也就是说，场景自人类诞生就已存在。而场景营销则是伴随商业的出现而诞生的，无论何时何地，场景都与营销如影随形，只要经营者在销售商品，就必定伴随着特定的场景。这也就意味着，我们现在对场景营销的应用只是沿袭了一直以来就存在的行为，只是这种策略逐渐成为营销不断发展的鲜明特征。生活中处处离不开营销，营销就是生活。

在某种场景下进行的营销才是营销策略应用的最佳体现，然而，现代网络技术的运用在方便人们生活的同时也减少了经营方与顾客现场交流互动的机会，多样化的媒介阻隔了商家与用户的直接沟通，也不容易建立最有效的营销场景。

采用场景营销模式为的就是打破商家与用户之间的阻隔，在二者之间架起一座桥梁，换言之，经营方致力于为用户打造某种特定情境，目的是使身处该场景中的用户转换成其产品的消费者，最终买下他们的产品。所以说，场景的构建推动了商业的发展。

需要明确的是：生活就是场景。所有人当前身处的整个环境就是场景。营销作为生活的构成元素，自然也与场景有着密不可分的关系。不管是已经过去

场景营销：大连接时代的"营销颠覆者"

的历史时期，还是遥不可及的未来时空，成功营销的前提之一都是构建合适的场景。

在网络营销还未兴盛之时，实体商家取得成功的基础是完善自身的渠道体系，即通过不断构建线下场景进行产品营销，比较常见的例子有街头巷尾的横幅广告、零售超市举办的优惠活动等等。

如今，移动互联网技术水平不断提高，手机这种移动客户终端除了具备最基本的通讯功能之外，更成为连接用户与商家的线上平台，在经济发展中的重要性更加突出。

腾讯在春节推出的红包派发活动吸引了大量用户参与，活动结束后，企业要做的就是保证此次营销的效果，即怎样将巨大的流量转换成公司可获得的利润，怎样使流量不至于迅速流失，怎样将这些用户转换成自家商品的消费者，毫无疑问，这都需要打造特定场景。

未进入移动互联网时代时，商家在竞争时将目光锁定在入口与流量上，如今，场景是他们竞争的焦点。将流量成功转换成盈利方式需要做的便是根据具体情况打造合适的支付场景。经过分析不难总结出，当前我国移动互联网领域中排名比较靠前的企业，都很擅长构建场景。

不同类型的企业有不同的切入点，淘宝和天猫的切入点是网购，它们构建场景的方式是用与以往不同的新型购物方式吸引用户并将其转化为消费者。微信的切入点是社交，其构建场景的方式是打造公众平台、派发红包或者允许微商经营。虽然陌陌面临微信的巨大压力，但它别出心裁，为用户与陌生好友的沟通交流提供了方便的渠道，这正是它所建立的独特场景。

经过上述分析，我们能够总结出的一点是，随着移动互联网取代传统互联网，流量在经济发展中的作用逐渐减弱，而场景构建的重要性愈加明显，那些拥有巨大流量但不知怎样通过场景打造来变现的企业，将会被市场淘汰。

（2）场景营销离不开"系统"

按照上述说法，也许有人会误以为企业只要构建出合适的场景就能所向披靡，其实不然。在企业营销过程中，场景构建固然重要，但从宏观角度来说，这个过程是一整个体系在运转，如今的互联网领域并不是一成不变的，很多因素都在时刻变动，企业应该注重营销的系统化。

要在激烈的竞争中占据优势地位，企业应该立足全局，不能只关注场景构建。可以说，企业在发展过程中，无论是品牌战略还是整体战略，还是具体广告营销和整体的营销策略，在营销系统中都是息息相关的，是整体的一部分。场景营销只是整个营销体系中的组成部分（图1-9）。

保证产品品质　　充分利用线上平台，并为用户提供与企业商品对接的渠道　　在打造场景时要注重细节　　保持创新思维

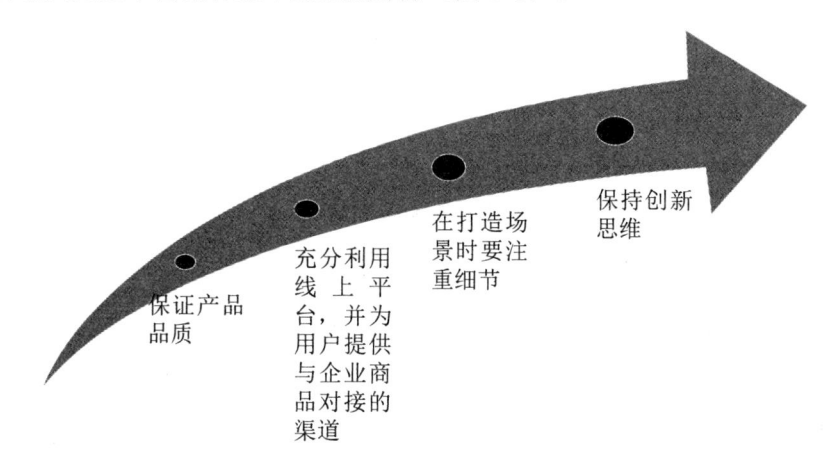

图1-9　企业进行场景营销的"系统"策略

① 企业需要保证产品品质

这是一切的基础，一切品牌及营销战略的应用，最终都要回归到产品上。企业的利润获取要建立在产品的基础上。如今，随着移动互联网的发展与变迁，产品外延因消费者的思维及行为习惯而逐渐向外拓展，企业应该重点考虑开发产品与提高产品品质，这是企业面对激烈竞争能够生存下去的根本，任何企业都不能忽视这一点。

② 企业在营销中除了充分利用线上平台，还需为用户提供与企业商品对接

场景营销：
大连接时代的"营销颠覆者"

的渠道

接下来，企业为了保持流量的增长态势就要应用多种营销方式来吸引用户关注。

企业在营销过程中，应该注重信息统计及处理，运用大数据分析技术，从多方面、多角度对用户反馈的信息进行统计，并发送至内部的分析系统，经信息处理后找到用户的核心需求，在此基础上构建能够吸引用户的消费场景。

从用户的角度来说，"大数据"时代使其思维方式和消费行为呈现出新的特点，现在还无法估测出这种改变对营销行业会产生什么样的影响，不过这俨然已是大势所趋。

③在打造场景时要注重细节

★第一，各个场景之间并不是孤立存在的，不同场景结合在一起共同构成整个市场，如果呈现给消费者的场景足够详细到位，而消费者本身确实有这样的需求，就能打动他们，最终使消费者购买产品。场景越注重细节，对消费者的影响力越大。

★第二，构建出来的场景不能显得太突兀，要贴合现实生活，尽量不要让消费者觉得是刻意为之，要让身处其中的消费者受到潜移默化的感染，自然而然地做出购买产品的决定。

★第三，在打造场景的过程中，也可以根据自身产品的特点将市场定位做得更加精准。迄今为止，支付场景尚缺乏多样性，且以电商领域为主，企业应该进一步采取措施打破这种局限。苹果总裁乔布斯曾表达过这样一个观点，即消费者的需求是需要商家去发掘的。

的确，有些场景必须呈现在用户面前才能激发他们对产品的购买欲望。企业需要寻找客户的潜在需求，然后用直截了当的方式展示给客户，客户在受到触动后就会进行消费。

④具备了前面提到的条件后，企业还需要注重的就是保持创新思维

如今，我们身处风云变幻的移动互联网时代，市场格局随时都可能发生变化，比如淘宝颠覆了线下消费，将越来越多的消费者转移到网络平台，在互联网消费领域扮演着先导者角色；微信在为用户提供社交功能的基础上向外拓展，新增支付功能，在电商领域发挥着越来越重要的作用；还有许多企业利用创新思维在移动互联网领域找到了新的商机。

哪个企业会成为新时代的引领者？营销领域什么时候会呈现新的发展态势？总而言之，所有企业都在发展过程中致力于创新思维的运用，若企业缺乏创新而只是一味照搬，那么迟早会被激烈的竞争淘汰出局。

当然，我们这里所说的企业创新，并不是指"异于他人"那样简单，而是要在理解与把握企业经营理念、品牌文化、整体营销模式的基础上，采用适合自身发展情况的营销策略，构建新的场景，关注产品开发，等等，将目光放长远，努力打造新时代引领整个消费潮流的产品或服务。

1.3 场景革命：场景如何改变我们的商业、工作与生活？

1.3.1 场景娱乐：全时段不间断娱乐模式，沉浸式体验

（1）VR 虚拟现实：让娱乐的体验更加真实

虚拟现实技术有三个主要特点：沉浸感、交互性及构想，该技术在发展过程中始终以这三点为中心。这几个特点也是虚拟现实技术与计算机可视化技术、多媒体技术差别最大的地方（图1-10）。

图 1-10 虚拟现实技术的三个主要特点

用户在应用虚拟现实技术时，会感觉自己身处一个与现实生活很接近的时空里，这就是沉浸感；用户可以与虚拟空间中的事物进行互动，这就是交互性；用户在应用虚拟技术时，可以得到自己需要的信息，并对信息进行深入理解，在掌握知识的同时得到思维上的启发，这就是构想。所以，虚拟现实能够对人们发挥创造力起到积极作用。

场景营销：
大连接时代的"营销颠覆者"

图1-11 虚拟现实技术应用示例

如图1-11所示，这个房间占地400平方米，里面安装了许多供用户体验虚拟空间技术的智能化设备，包括动作感应设备、PlayStation Eye动作追踪设备、PlayStation Eye头戴式显示器等等，总数近130个，体验者会完全沉醉于这样的场景之中，也可以更加方便地选择适合自己的商品。

（2）游戏随手开启：手游快速碎片化模式娱乐

互联网的普及使我们的生活节奏不断加快，很多上班族每天穿梭于公司与住处，除了工作之外，他们还要腾出时间与朋友保持联系、与同事联络感情、与伴侣约会，不可能再像之前那样有大把的时间用来玩游戏。在这种情况下，碎片化时间的利用越来越被重视。

统计结果显示，当人们乘坐交通工具或者闲暇时，67%以上的人会选择用手机打发时间，即使在厕所里，也有40%以上的人会盯着手机屏幕。人们无时无刻不把手机带在身边，手机游戏成为人们打发时间的重要方式。手机游戏的开发者及经营商需要做的就是充分利用人们的碎片化时间（图1-12）。

图1-12 碎片化时间

怎样才能利用人们的碎片化时间呢？

①要素一：游戏操作简单化

因为碎片化时间是比较分散的，多数人只想在有限的时间里放松娱乐一下，而不想过于集中精力，他们更倾向于选择那些操作简单的手机游戏。另外，在这种情况下，人们所处的姿态也各式各样，或坐着，或躺着，或蹲着，总体而言，都不太适合玩那些专业度高、比较复杂的手机游戏。

②要素二：游戏关卡时间尽量缩短

碎片化时间的集中性比较弱，游戏关卡时间应该尽量缩短，通常以不超出10分钟为佳，便于用户掌握时间。比如用户工作的间隙或者去厕所的时间，短暂的时间之后，用户通常要投入工作或者学习中，如果没有足够的时间闯关，就不能带给用户心理上的满足感。

③要素三：趣味性要强

用户在碎片化时间里通常处于闲暇状态，急需找一件能够调动自己兴趣的事来做，所以手机游戏需要具备较强的趣味性，这可以通过增加游戏角色与用户之间的互动性来增强。

④要素四：吸引"附近的人"

从本质上来说，网络游戏即与志同道合的网友一同体验游戏的过程。以端游来说，最关键的就是打副本及组团挑战，这对参与者提出了较高的时间要求并需集中精力。手机游戏则不同，它并不受时间及空间的限制，所以手机用户通常无法获得像端游那样的游戏体验。

不过在碎片化时间里，附近也会有与自己一样闲下来的用户。若游戏开发者能够想办法将这些处在相同状态的人集中起来一同参与手机网游，应该也会受到很多用户的青睐。

⑤要素五：重社交性

很多用户还会在闲暇时登录手机上的社交平台，如果手机游戏研发者能够使用户边玩游戏边与其他玩家进行互动，就可以进一步提高碎片化时间的利用率。

⑥要素六：游戏的可打断性

虽然增添了许多新功能，但通讯功能仍然是手机的核心功能，所以如果在游戏过程中遇到来电使用户的体验被打断，就意味着游戏参与过程的不连续性。如果不能做好用户在接电话这段时间的游戏操作，那么多数用户下一次感觉需要在中间接电话时就不会再选择该游戏了，对此，游戏开发商可以参考棋牌类游戏的做法，在用户离线时自动托管。

移动互联网的普及使用户在零散的闲暇时间也可以连接网络应用，手机游戏要想成功吸引用户，就要充分整合碎片化时间，采用场景战略来进行手机游戏的研发与营销。

⑦参与感十足：人人可以表演、可以参与

在传统社会中，电子竞技并没有得到太多人的重视，互联网思维的运用，大大提高了它的地位，从事游戏主播的年轻人也成为国内新一代的富豪。

⑧泛娱乐体系：IP版权娱乐经济全面覆盖，不再单一

Intellectual Property（知识产权）简写为IP，也就是影视传媒行业经

常谈及的版权或著作权。围绕版权开展的一系列文化活动，包括版权买卖、影视作品的生产与推出，以及游戏、角色模型、实景娱乐等商品的经营，还有明星包装及由此发展而来的粉丝经济都包含在其中。

如今，IP产业更加注重与其他领域的联手经营，如影视作品联手网络游戏，在电影上线或电视剧播出的同时发布同款游戏。不同领域的联手能够拓宽其布局范围。

1.3.2 场景信誉：互联网场景下的信誉体系

（1）从电商信誉的提起到网络征信的应用

电商自开始在国内发展以来，诚信问题始终是限制其发展的一大障碍。交易双方一般仅限于线上交流，没有面对面沟通的机会。消费者与商家之间所建立的信任是基于直观的线上体验与感受，远远落后于人们日益增长的消费需求，目前亟须建立一种完善的诚信体制来保证电商交易双方之间的合法权益。

消费者无法了解经营者的信用，只是依靠自己的简单判断做出选择；商家无法掌握消费者的现实情况，只能依据交易流程以及对方的要求进行贸易。国内的电商只能在诚信体制的缺失中野蛮生长，电商的发展速度在人口红利逐渐消失后被严重限制，据统计，国内电商网站的平均转化率仅有千分之一。

欧美发达国家的征信体制经过多年的建设发展已经渐趋完善，如今已成为发达国家社会发展的坚实基础。而国内的征信体制建设还处于摸索阶段，再加上庞大的人口问题，要建设完善的征信体制还有很长一段路要走。

国内的征信市场存在着庞大的用户需求，市场规模已经突破千亿元大关。近几年兴起的大数据技术与征信产业的结合将会引导一场征信产业的颠覆性革命，互联网大数据技术的应用使我国的征信产业迎来了一个重大机遇。

11315全国企事业信用信息服务平台（以下简称11315平台）是国内发展互联网大数据征信模式的一个典型代表。互联网时代人们获取信息更为便捷高效，消费者能方便地获得一个企业的相关信息。尤其随着以智能手机为代表的移动互联网终端设备的崛起，人们通过互联网了解企业的信用信息已经成为主流的发展趋势，互联网大数据征信模式在国内有着十分广泛的应用前景。

11315平台基于大数据分析技术，从多方渠道获取综合全面的企业信息，比如政府部门公开的信息、行业协会发布的信息、企业官网公示的信息、企业合作伙伴提供的信息、人民法院公布的企业信息等，结合企业在银行信贷、业内评价、市场反馈、媒体评价等多方的评价信息，建立起一个全方位、多角度的企业信用电子档案库。

用户在11315平台上可以方便快捷地查询到企业的信用信息，使消费购物、银行信贷、金融投资、招标投标等活动有了全面而又准确的数据作为参考。

互联网大数据征信模式颠覆了人们对旧有征信模式的认知，征信产业的不断发展和完善将会影响我们社会生活的方方面面。在征信体制的监督下，经济活动将更加高效稳定地向前发展，进而营造诚实守信的社会氛围，使人们的物质生活水平和精神生活水平共同提高。

（2）从逃票到征信结合：征信信誉将会是各个场景中一种新的衡量标准

2013年9月1日至10月20日，铁道部门启动"最严厉的查堵逃票"专项活动，浙江、上海、安徽等火车站将严厉查处逃票行为，违法者除了根据情节处以数额不等的罚款外，还将其身份信息记录下来。铁道部将尽快完成与各地个人征信机构间的协商合作，推进逃票行为纳入征信系统。

许多人可能对将逃票行为纳入征信系统表示不解，认为生活中随处可见的逃票行为只是一件小事，纳入征信系统未免有些小题大做。但是我们应该思考一下：当本属于我们的座位被逃票人占领后会有什么后果？不法分子逃票后做出违法行为时，谁能负责？

逃票行为直接损害了铁路部门的权益，同时也反映出社会上普遍存在的诚信缺失。人们的社会生活除了要靠法律来维护以外，道德约束也必不可少。在人类发展的历史长河中，道德要早于法律出现，而且相对法律而言道德的范畴更为广泛。从某种角度来说，法律是道德的底线。

对于逃票这种行为，罚款显然不能有效解决问题。一些逃票者被发现后毫无愧疚，补票后还能在周围的目光下闭目养神，显然对于这种人来说罚款不能让其认识到逃票行为的严重性，需要引入更为严厉的惩罚措施来维护社会信用体系。

逃票行为纳入征信系统只是一个场景信誉应用的典型代表，随着个人征信与信誉体系的发展与完善，各种各样的场景应用将会不断涌现出来。

（3）统一信誉体系：一个可以判定全服务时代的特权标准

生活中我们更倾向于和信用良好的人合作，言而无信的人在社会生活中将会举步维艰。生活中我们重视的不仅仅是个人的尊严，维护被大众认可的社会信誉更为关键。拥有良好信誉的人不仅可以使财富快速增长，社会地位也会得到提升。未来，信誉将成为外界衡量个人和组织的重要标准。

移动互联网时代更是场景信誉崛起的时代，若能够建立统一的信誉体系，在激烈的市场竞争中将其应用到多元化的场景之中，那么企业必将创造巨大的价值。

1.3.3 场景安全：物联网时代的场景安全体系

移动互联网时代，各种场景应用不断涌现，它们在为我们带来便利的同时，也带来了许多问题。我们不禁要思考：如何防范各种场景应用的潜在风险？如何保障以隐私为代表的信息服务安全？如何辨别存在危险的场景应用？

各种各样的场景使我们的生活发生颠覆性变革，移动互联网时代商家创造的消费者场景使他们获得巨大的利益，我们生活中的一切都开始与互联网产生联系，所有的事物都开始被数据量化，我们发现自己在被互联网信息流所串联起来的网络世界中逐渐迷失了方向。

不难想象：我们生活中的电视、手机、电脑、手表、空调都可以接入互联网；水表、电表、气表等让我们可以控制房子的温度、湿度等；冰箱可以接入互联网自动购买我们所需要的商品；汽车的方向盘接入互联网后开始提供自动驾驶功能；工厂的设备植入嵌入式诊断系统，以便自动维持并调整设备的正常运转；企业生产出的产品有了专属的标签，一键查询定位功能让我们可以实时跟踪。

在物联网时代的场景应用中，每一个事物都被连接了一个虚拟的组件，通过这个组件人们可以享受独特的服务。像空气一样无处不在的连接关系极大地方便了我们的生活、促进了经济的发展，但是确保其为消费者提供安全稳定的服务同样是关键所在。

我们在物联网场景应用过程中一味追求财富增长与生活便利，最后却不得不面对安全与隐私方面的巨大难题。企业建立保护机制，从而有效处理安全与隐私方面的难题将是物联网场景应用的核心所在。

物联网场景应用不再仅局限于概念范畴，在安全稳定的机制下，它可以成为协调创新发展与提升用户体验的典型代表。加密机制、用户私密信息、网络安全协议、数据安全与隐私安全等领域的场景应用在创新发展之余，也应该为消费者创造安全的服务环境，加强对尊重人权的认识。

的确，有时候规则、规范会阻碍企业的创新，但是如果创新是以牺牲消费者合法权益为基础，那么这些创新又有何意义呢？！

1.3.4 场景新媒体：人人自媒体时代的场景传播

随着互联网的发展，自媒体出现在大众视野中，2003年7月，美国新闻学会媒体中心提出了"自媒体"的概念。在自媒体时代，每个人都成为信息的制造者和传播者，与传统媒体时代消费者只能被动接受信息不同。

与报纸、杂志、电视、广播等传统媒体相比，自媒体有其独特的传播特点。用户可以借助互联网等实时通讯工具在线交流互动，每个人既是信息的制造者又是信息的接收者。自媒体的这一传播特点决定了它的传播理念、传播价值、传播渠道、传播时效都与传统媒体不同（图1-13）。

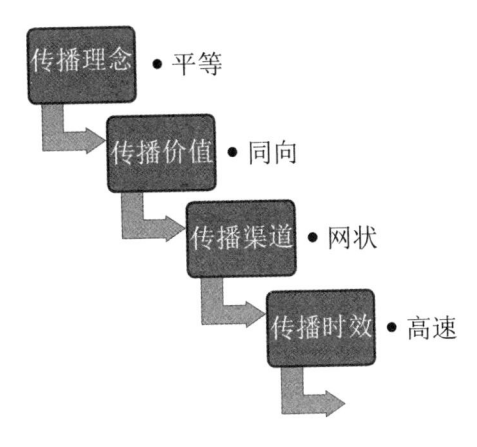

图1-13 自媒体的内涵

（1）传播理念——平等

在自媒体时代，每个用户的身份、地位平等，拥有平等的发言权。例如，韩国最有影响力的新闻媒体Oh my News就将"每个公民都是记者"作为自己的传播理念。自媒体面向所有的用户，关注的是用户日常的生活，在向普通用户传播信息的同时，也引导着大众对信息的反应。

随着移动互联网的发展，每个人都成为信息的制造者，都可以将自己的所见所闻发布到微博、微信等社交平台上，而报纸记者、新闻网站记者则从这些社交媒体平台上寻找信息点，然后传播给更多人。

例如，凤凰网的新闻版面增加了将新闻分享到微博的功能；许多地方政府、慈善机构等都纷纷注册微博，通过微博与大众交流互动。据不完全统计，2011年，在新浪微博实名认证的政府机构就有630个。

由此可见，自媒体正逐渐渗透到人们的生活、工作中，同时作为沟通的平台，正引导着社会舆论的走向。

（2）传播价值——同向

传播价值主要由媒体和受众决定。媒体在向大众传播新闻时，通常会根据自己的价值观对内容进行筛选，而大众在接受新闻时，也会根据自己的价值观对内容做出取舍，接受自己感兴趣的内容。

但在自媒体时代，由于受众身份的特殊性——既可以是信息的传播者，又可以是信息的接收者，因此，新闻的内容具有趣味性、时效性等特点，更容易满足大众的需求。

与自媒体相比，报纸、杂志等传统媒体由于信息的传播者和接收者分离，传统媒体根据自己的价值观筛选新闻，传播的内容未必完全符合受众的要求，因此，大众的兴趣较低，信息传播的范围就较窄。

（3）传播渠道——网状

在自媒体产生以前，传统媒体有着绝对的话语权，可以垄断信息，拥有资源优势，而随着移动互联网的发展，自媒体出现，每个用户都可以在微博、微信等社交媒体上发布信息，同时及时获取外界的信息，并分享给自己的好友，扩大信息的传播范围。在新媒体时代，用户集信息的制造者和接收者于一体。

随着自媒体的发展，一对多的信息传播方式逐渐被打破，信息以网状结构向四周传播，同时，不同社交媒体之间的界限被打破，信息可以跨平台传播。

例如，一些门户网站会设置分享功能，用户可以将自己感兴趣的内容分享到自己的 MSN、微博、微信、QQ 空间等社交平台，与好友共享信息资源。在自媒体时代，信息的制造者和接收者之间的界限变得模糊，每个人都可以发布信息，成为传播者。

（4）传播时效——高速

不论在什么时代，时效性都是新闻的显著特征。在传统媒体时代，新闻的传播需要经过多个环节，严格把关，确保大众接收的新闻是宣扬正能量、积极向上的。而在自媒体时代，每个人都可以将自己的所见所闻记录下来，发布到社交媒体上，不需要经过繁杂的审批流程和严格审查，而其他用户都可以在第一时间获取信息，并进行二次加工和传播。

信息的制造者是决定新闻时效性的一个关键因素。在传统媒体时代，记者是信息的制造者，通常，有重大事件发生时，记者需要在第一时间赶到现场，以获取真实的资料；而在自媒体时代，在事件发生第一现场的任何人都可以编辑信息，传播新闻。与传统新闻相比，自媒体时代的新闻更具时效性。

例如 2011 年 3 月，日本东北部发生地震，并引起海啸，日本东海大学的叶千荣教授在一小时内连续发布微博，实时报道日本东北部的状况；2014 年 4 月，云南丽江发生火灾，网友"丽江洛洛"最早发布火灾的信息和照片。叶千荣和"丽江洛洛"以及处于事故现场的每一个人，都在第一时间向大众传递信息，让大众及时了解灾情，实现了传统媒体所无法做到的事。

毋庸置疑，自媒体具有的传播及时、受众广泛、渠道多样等特点，使它成为传统媒体工作者获取新闻的信息源，对新闻发展起着不可替代的作用。

1.3.5 世界网络银行：一个连通未来财富命运的场景聚合

1995 年 10 月 18 日，安全第一网络银行成立，是当今世界一个较为典型的网络银行。

场景营销：
大连接时代的"营销颠覆者"

1994年6月，McChesney在一次家庭聚会上萌生出要将金融机构与互联网相融合的想法。McChesney曾看过几篇利用互联网创业的文章，在和表兄James S. Mahan交流之后，两人开始考虑利用互联网创业。

McChesney读的几篇文章中第一篇是有人通过互联网经营花店，销售量在一个月内翻了一番；还有一篇文章讲的是有律师在互联网上发广告，可以帮移民解决美国绿卡，在很短的时间内就增加了3万多的客户。

McChesney是一家计算机与互联网公司的首席执行官，其公司主要为政府提供服务，同时，也为其他公司提供操作系统支持，维护网络环境安全；而James S. Mahan则是一家银行控股公司的董事长。虽然二人从事不同的职业，但在各自行业里都有所建树，并积累了一定的人脉和资源。

在20世纪末期，互联网作为一个新兴事物进入人们的视野，但大部分公司都没有意识到互联网的产生将影响未来的商业格局。McChesney与表兄看到了互联网的发展前景，认为互联网的产生将为人们的生活和工作提供便利的服务。

于是，他们首先想到的便是将互联网与金融机构相融合，简化用户去银行办理业务的手续，为用户提供便利的服务。他们对全国五个中心区的消费者进行问卷调查，并咨询相关的国家法律法规。随后，二人开始创建世界上第一家网络银行。

对于任何创业者来说，将工作与生活混合在一起都是他们不愿意看到的。于是，McChesney与表兄开始寻找合作伙伴，并与成立不久的"网景通讯"和"公开市场"两家公司洽谈，但由于双方在利益分配和公司归属上的意见不一致，谈判以失败告终，最终决定由McChesney的公司负责运行这个项目。

1995年，他们的计划出现了变化。James S.Mahan受朋友邀请，在Pasadena的金融机构年会上发表演讲，演讲的主要内容就是他们正在运行的网上银行项目。James S.Mahan的演讲引起许多企业家的关注，他们纷纷表示愿意加盟 James S.Mahan 的这个项目。因此，在合作伙伴的支持下，网上银行的项目迅速扩大。

其他公司的加盟使 McChesney 的网上银行项目得到充足的资金支持，得以顺利开展。1995年，他们成立了第一家网上银行，通过互联网为用户提供金融服务。此外，他们继续研发新的网上银行项目，满足更多用户的需求，同时还为金融机构提供服务。由于业务拓展，需要更多的人员支持，因此，他们又创立了 SFNB 公司和软件开发公司，这两个公司成为新控股公司的子公司。而要为新的项目专门组建一个小组，则需要对整个公司及其合伙公司进行重组、合并。这意味着 James S.Mahan 要裁减公司的一些部门，以此建立互联网金融机构。

James S.Mahan 首先将"第一联邦储蓄银行"的四个分支机构出售给了另一家储蓄银行，然后将"第一联邦储蓄银行"的母体改名为安全第一网络银行（SFNB）。改名后的安全第一网络银行是世界上第一个没有分支机构的纯网络银行，主要为用户提供网上金融服务。

当时的法律只适用于实体银行，对于网上的虚拟银行，还没有相关的法律法规。为了保证 SFNB 的规范性，也为了吸引更多企业加入到虚拟银行的行列中来，McChesney 和表兄主动找到储蓄机构监管办公室（OTS），要求批准 SFNB 的网上银行业务计划。他们的这一举动，极大地激发了其他金融企业开设网上银行分支机构的热情。

虽然 SFNB 的业务得到了法律的认可，但网上虚拟银行在当时仍属于一个新兴的领域，因此很多人关心它的安全问题。虚拟银行的监管者除了详细了解网络银行的工作流程外，还试图用实例证明基于网络提供的金融服务不存在安全隐患问题。为此，他们专门聘请职业"黑客"来测试系统的安全性。

1995年5月10日，OTS 为 McChesney 的网上银行计划提供支持。对于 McChesney 来说，得到政府的肯定，意味着他们的互联网创业计划成功了一大半。在政府的帮助下，他们可以有效应对网上银行发展过程中的风险和挑战。

1995年5月底，SFNB获得跨区银行控股公司Huntington Bancshares of Columbus和Wachovia Corp. of Winston-Salem以及Area Bancshars of Owensboro的投资，投资金额高达500万美元，同时，SFNB也要赋予这些控股公司一定的权力。在得到银行业的支持后，SFNB可以将维护互联网银行安全的任务移交给其他金融机构，集中精力进一步规划公司的未来。

1996年5月，McChesney和James S. Mahan决定将网上银行的业务与传统银行的业务分开，将SFNB公司分离出去。与此同时，SFNB收购了Five Paces（互联网银行软件开发公司），而对SecureWare（安全解决方案开发公司）的收购也在洽谈中。

SFNB在独立的同时，也成功地获得了6000万美元的融资，为公司的发展提供了充足的资金支持，可以在很长一段时间内集中精力研发设计新的解决方案，并招募更多人才，从而为用户提供满意的服务。

从成立到拥有新的金融服务渠道，SFNB只用了短短两年时间，便成为世界上第一家能够提供网上金融服务的银行。在这一过程中，软件开发组无疑扮演了重要角色，在为SFNB提供软件支持的同时，也开始进军商业领域。

1996年11月，SFNB顺利收购SecureWare，并与Five Paces合并，成立了安全第一技术公司（S1），从而将世界上第一家网上银行的各个分支机构聚集在一起。

"虚拟银行管理员"（VBN）是SI的一个金融服务产品，它可以通过应用程序为用户提供网上银行金融服务，主要包括传统的银行金融服务和电子银行金融服务。除此之外，VBN还可以24小时接听用户的电话和接收邮件，为用户提供实时服务。

SI为推广公司产品，设计了一个三层的商业模式。对于大型金融机构，

S1可以直接为其提供软件使用许可服务，它们不需向S1申请报备；对于小型的金融机构，S1以外包的形式为其提供软件服务，减少这些金融机构在人力、物力、财力方面的损耗；而对于银行数据处理中心，S1则让其免费使用软件解决方案，并且，银行数据处理中心还可以将其转卖给自己的客户。

截至1996年底，已经有16家公司获得了S1软件解决方案的授权，同时，S1还与4家美国顶级处理中心建立了合作伙伴关系，金融业务面向7000多位客户。此外，S1还积极拓展业务渠道，与电子支付系统以及其他能够提供销售渠道的公司合作。

但是好景不长，1998年10月，SFNB亏损严重，最终不得不被皇家银行金融集团收购。但是，SFNB在网上银行发展史上所起的作用是不容忽视的，它带动了其他金融机构纷纷加入网上银行的行列，促进了金融服务领域经营模式的变革。

总体而言，世界网络银行的发展离不开互联网等高新技术的支持，同时也离不开金融服务领域优秀人才的努力。我国的网络银行在学习借鉴世界网络银行成功经验的同时，也应结合自身的特点，研发设计适合我国市场环境的解决方案，从而为用户提供更快捷、更安全的网上银行服务。

1.4 场景营销：移动互联网时代的营销新思维

1.4.1 场景营销的内涵：新时代的营销法则

移动互联网的发展普及，使用户与产品的直接连接成为可能，即借助App应用、移动平台入口，消费者能够直接进入产品的体验和购买环节。这必然会对传统的广告营销方式造成极大冲击。因为传统的广告运作，往往是基于消费者注意力的再次售卖。也因此，必然会有越来越多的产业从线下转到线上，通过与线上入口的融合吸引更多的消费者。

移动互联时代的到来，让"场景"这一古老因素焕发出新的生命力。能否为用户创造更多的场景化价值体验，将成为广告营销成败的关键。传统的场景化营销，在移动互联网的驱动下，被赋予了新的价值内涵。企业和品牌通过移动智能终端、大数据等先进技术平台，可以随时追踪定位用户所处的具体场景，并精准把握和深度挖掘用户在碎片化场景中的不同价值诉求。

通过这种情景感知，企业和品牌可以为用户创造出即时性的场景价值和体验，从而吸引和黏住更多用户，实现营销推广的效果。

1.4.2 场景营销的特征：即时、即刻、洞悉

移动互联时代赋予场景化营销新的特征，罗伯·马伦（Rob Mullen）将其概括为"in place, in time, in sight"（即时，即刻，洞悉），即从时间、空间和心理三个维度，定位和把握消费者的碎片化场景。这是从内容和形式上重塑场景化营销（图1-14）。

图1-14 场景营销的三个主要特征

① 从内容上看，移动互联时代，人们的生活场景呈现出不断碎片化的特质

这要求商家在营销推广时，能够借助移动智能终端和数据分析，精确定位用户碎片化的时空场景，把握其场景诉求，从而借助具体场景实现产品和服务信息的精准推送。

例如男士护理品牌凌仕，就针对酒吧的特殊场景，研发了一款翻译App，为用户创造了一种全新的场景价值体验，即凌仕准确把握了在酒吧等特定场景中，男士渴望吸引异性注意的即时性需求。

凌仕推出的App应用，可以根据用户选择的不同场所，为用户推送适宜的搭讪话语，并且能够进行不同语言的翻译以及朗读，最大限度地满足用户需求。显然，这种基于用户具体场景需求的定制化服务，能够实现品牌与用户的有效

沟通连接，从而吸引和黏住更多的消费者。

②从形式上看，随着移动互联网的发展普及，线上与线下进一步融合渗透

同时，基于社交媒介平台的互动传播成了广告营销的主流模式。在信息极大丰富的移动互联时代，消费者的注意力成为稀缺资源。企业和品牌营销的目的，就是有效吸引和黏住用户的眼球，实现品牌的塑造推广。

场景化营销可以借助移动智能终端等设备，实现商家与消费者的随时随地连接。同时，借助社交平台，企业或品牌可以与消费者进行直接互动沟通，实现精准的产品和服务投放，从而吸引消费者的注意力，塑造品牌的影响力和用户黏性。

例如，优酷的"边看边买"视频购物模式，就是阿里巴巴联合优酷土豆进行的一次场景化营销尝试：在电视、电影等视频播放过程中，会弹出一些商品信息，用户可以对感兴趣的内容进行相应的收藏或购买操作。

这种基于影音观看场景的视频购物模式，一方面为用户创造了全新的购物场景体验；另一方面又高效利用了注意力资源，不动声色地实现了产品的营销推广。

另外，位于美国佛罗里达州劳德代尔堡的视觉技术初创公司 MagicLeap，致力于研发推广增强现实或虚拟现实技术。这一技术获得了谷歌 5.42 亿美元的投资，它在消费生活领域的应用推广，必然会为场景化营销提供相应的技术支持。

1.4.3 移动互联网赋予场景营销的两大条件

移动互联时代的到来，引发了企业营销的场景化革命。具体而言，移动互联网的发展普及，主要从两个方面为场景化营销提供条件（图1-15）。

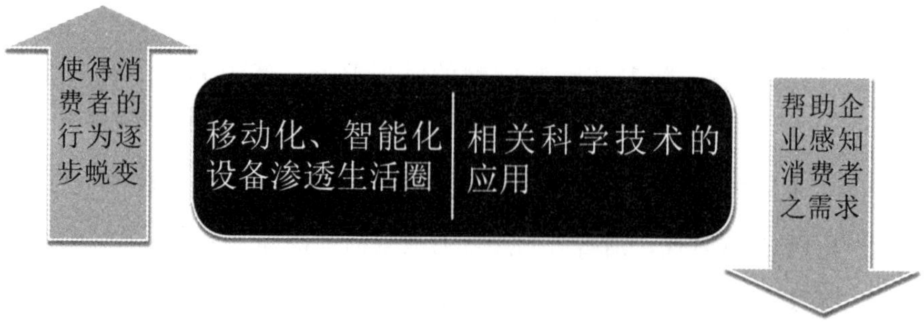

图 1-15 移动互联网赋予场景营销的两大条件

①移动化、智能化设备渗透生活圈，使得消费者的行为逐步蜕变

移动互联网和智能终端的发展普及，重塑了人们的生活场景和消费模式。相关研究指出：超过 70% 的移动互联网用户更多地借助智能手机等移动端进行购物；人们大多在碎片化的场景中使用移动终端，如公交站台、休息闲暇、睡觉前等；移动端广告营销的互动性要高于 PC 端，用户也愿意借助移动广告获得优惠券或产品和服务信息。

因此，借助移动互联技术和平台，企业和品牌可以实现与用户的直接连接互动。同时，基于精准的碎片化场景定位和用户数据分析，商家可以为用户提供符合需求的产品和服务，从而有效吸引用户的注意力，实现品牌的塑造推广。

最后，移动技术和智能终端的发展，也为企业和品牌提供了更多的营销沟通渠道。二维码、现实增强等新技术，逐渐成为连接消费者和品牌、产品的主流方式，也创造出新的场景营销体验。

②相关科学技术的应用，帮助企业感知消费者之需求

随着大数据、云计算等相关技术的普及，企业能够深入分析和挖掘不同用户的行为特征和消费偏好，感知消费者的当时当下之需，从而为他们提供更加人性化、个性化的产品和服务，满足用户的即时性需求。

另一方面，企业可以借助大数据和移动智能终端，随时定位分析用户的碎片化场景特点，精准把握不同场景中的利基市场，从而吸引更多的消费者，适

应移动互联时代多元化、长尾化、碎片化的消费特征。

例如，基于地理位置的美食推荐App，就是一种典型的移动互联网下的场景化营销形式（图1-16）。人们初到一个陌生城市时，往往比较苦恼如何找到优质的餐厅。针对消费者的这一痛点，移动智能终端上的美食推荐App，可以根据用户的场景定位，敏锐感知用户的当时当下之需，从而推荐相关餐饮，有效满足用户的场景化消费需求。

图1-16 基于地理位置的美食推荐App示例

第 2 章

场景营销的本质：实现营销与需求的无缝连接

2.1 新一轮营销战役：解决用户需求痛点，开启场景营销新革命

2.1.1 传统"大喇叭"广告模式之死

当今的商业市场，消费者占有绝对主导的地位。对于各个商家来说，谁能够获得更多的消费者，谁就能在日益激烈的市场竞争中占据主动。而营销一直是各个企业和品牌争夺目标客户的最有效手段，也由此形成了不同的营销模式。

只不过，随着移动互联网、智能终端设备、大数据技术等的发展成熟，大众传媒与PC网络的广告营销模式逐渐无法适应移动时代的市场变化。当前发展越来越清晰地表明：传统大喇叭式的营销模式正面临着严峻的挑战，移动互联驱动下的场景化营销模式迅速崛起，并将成为大数据时代商家的新营销战争。

在电视、广播、报纸、杂志等大众传媒时代，信息的传播路径是单向的，无法形成有效的信息反馈闭环。这时的广告营销，多数集中于产品或服务的功能性传播，对消费者群体不能够细化分割，也无法及时有效地获取市场反馈的信息。因此，信息推送的准确性和有效性不高，营销的购买转化率自然也很低。

另一方面，虽然各个商家也会通过市场调研的方式，尽量收集更多有关产品、服务、目标客户、营销效果等内容的反馈信息，但这种抽样调研的统计分析模式，仍然更多地集中于大范围的群体特质，而无法考虑到更加细分的市场需求。

因此，根据这种调研反馈信息而制订的新营销决策，依然是大而化之的，很难体现出移动互联时代不断增长的长尾化需求。

传统大喇叭式的广告模式，遵循的是二八定律，更多关注的是拥有销售前景的"主流商品"，认为生产的东西必须占有一定的市场份额。显然，这种广告营销模式，正受到已经变化的市场需求的挑战。

移动互联时代，多元化、个性化成为人们新的消费追求，定制化、长尾化的产品愈加受到消费者的青睐。只要有生产，不论产品多小众，都能找到相应的目标客户。而且，这些长尾化的"冷门产品"，总体市场份额也在随着人们的个性化需求增多而不断增多，甚至超过了"主流商品"的市场份额。

同时，今天的消费者已经能够理性地看待广告营销的诸多形式，对其认可度逐渐降低（"仅仅只是广告而已，是商家的促销手段"）。因此，越来越追求个性化的大众，必然对这种大喇叭式的标准化信息传播方式和内容丧失兴趣，转而关注那些更加符合自身需要、能够触摸消费痛点的信息。

总之，移动互联时代对人们生活形态的重塑，以及广告营销受众特质的变化，都推动着营销模式的转变：利用大数据技术，准确把握用户痛点，进行更具针对性的移动场景营销。

2.1.2 场景营销的优势：精准营销＋定制化服务

随着微博、微信等移动社交平台的普及，社交营销逐渐受到更多关注，也成为移动互联时代营销争夺的一个重要节点。

本质上，社交营销就是移动互联时代场景化营销的表现形式之一，是商家基于社交媒介平台而进行的品牌塑造和产品促销。只是，单独的社交营销毕竟空间有限，无法成为场景营销的主战场。

移动互联时代的商家场景化营销之争，还应该更多关注人们越来越碎片化的生活场景，思考如何在最适宜的场景中向消费者推送产品和服务，如何在不同的碎片化时间、空间中，搭建合适的消费场景，将消费者导入平台，如何通过营销诉求引导用户的场景体验。

从这个角度看，企业营销竞争就是对消费者场景的争夺和把握，即在不同的场景之中，目标群体的需求为何；基于具体的场景，可以进行哪些创意构思，从而为用户创造更多价值；营销推送的相关信息，是否是该场景中消费者的真正所需，是否能够被其接受。同时，移动互联网、大数据技术、各种智能终端的广泛应用等，使消费者与产品和服务的连接更加直接高效，商家可以随时随地实现与用户场景的即时连接，能够拥抱更多的生活场景。

移动互联时代，场景之所以变得如此重要，是因为人们的生活、行为、思想、感受、兴趣、关注等等，都融入了具体的碎片化场景之中。

场景不再只是外在的时间、空间、情境因素，而变成了人本身的生活形态：不同场景下，人们有着不同的消费欲望和诉求，也拥有着不同的感知和体验。因此，移动互联时代营销的终点不是消费者的需求，而是场景。只有搭建出适宜的消费场景，才能有效吸引用户眼球，将营销转化为消费。

场景的终极属性，要求企业从以往的大众传媒式的单向营销模式，转向围绕消费者需求的互动式场景营销模式（图2-1），即真正体现"以人为本"的互联网特质，细化市场，敏锐感知消费者的当时当下之需，实现信息的精准推送和定制化服务，有效解决需求痛点，为消费者创造更多的价值。

围绕消费者需求的互动式场景营销模式	大众传媒式的单向营销模式

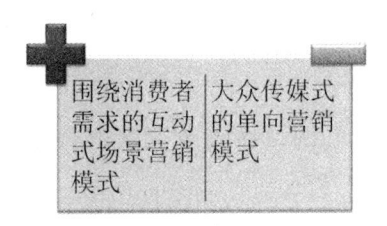

图2-1 企业营销模式的转变

2.1.3 场景营销之战：连接、数据、场景

显然，场景重要性的不断凸显，必然会将商家推进场景营销战争之中。作为移动互联时代的一种新型营销模式，场景营销必然与移动互联网、大数据技术等密不可分。具体来讲，场景营销之争，主要集中于三个方面：连接、数据、场景（图2-2）。

图 2-2 场景营销的三大关键

（1）互联网的本质属性是连接，场景营销也离不开有效的连接

在今天，各种移动智能终端的普及，使商家、消费者和场景的连接变得更为方便快捷。不过，这种连接需要形成一个信息交互生态闭环，这样才能持续获取消费者的不同场景信息和交互数据。

总之，在场景营销中，有效持续的连接，是第一个关键环节，它决定着市场份额的占有度。因为有连接才会有用户。

例如，国内愈演愈烈的"打车应用"大战，在某种程度上就体现出了连接的重要作用。在百度投资Uber后，国内的打车应用市场真正呈现出BAT三国大战的场景。这固然是三大互联网巨头对当前市场需求的敏锐把握，但何尝不是这些企业以新的场景与消费者建立连接的方式。

总之，在移动互联时代，商家需要不断感知不同的碎片化场景，积极与

第2章
场景营销的本质：实现营销与需求的无缝连接

消费者建立有效的场景化连接，如此才能获取更多用户，在场景营销中占据先机。

（2）深入挖掘数据，形成数据智能，真正读懂消费者

建立有效的连接只是场景营销的第一步，更重要的是要获得用户授权，以获取更多的用户信息和数据。

移动互联时代，消费者更加注重个性化、多元化的产品和服务体验，因此，场景营销的关键是要根据获取的用户信息，进行深度分析，并形成数据智能。如此，才能够在营销推广过程中准确把握和感知即时性场景需求，激发用户的消费行为，并与之建立起具有高度互动的强关系。

因此，场景营销的第二步之争，争的是用户信息和数据，比的是对大数据的深入挖掘能力。

（3）利用数据智能，深入分析用户特质，霸占更多场景

实现了从营销到购买的转化，并不意味着场景营销的结束，反而意味着进入了真正意义上的场景战争，即对更多生活场景的争夺。

移动互联时代，人们总是处于不断变换的碎片化场景之中，每个场景都可能蕴含着大量的消费潜能。因此，这时的企业营销之争就不仅仅局限于平台竞争，而是扩展到了对各种碎片化场景的争夺，是基于平台的多种场景模块的整体生态之争。

当前国内三大互联网巨头BAT在金融、医疗、交通、教育等多个生活场景中的布局之争，就是场景战争的最真实反映。

需要注意的是，在场景化营销中，平台的很多模块可能都是免费或公益性质的，新的广告营销法则是：大多数产品和服务免费，通过少量的长尾化、个性化产品和服务赚钱。这种模式的根本目的，是通过优质的免费产品或服务，霸占更多的用户和场景，进而为将来的场景营销提供更广阔的市场空间和目标受众。

移动互联时代的场景生态竞争，重塑了营销的最初意义，让其从企业价值链中的一个环节，融合到整体的价值生态系统中。移动互联驱动下的场景化营销，已经与产品研发、销售、公关等融合在一起，传统工业时代环节分明的商业模式，让位给了网络化的即时连接模式。企业的营销之争，不再只是对产品和用户的争夺，而更多地转向了各种碎片化的移动场景。

2.1.4 用户争夺战争：打破媒介束缚，创造消费者欲望

移动互联技术的发展普及，重构了以往的商业生态，也使互联网市场的商业竞争愈发激烈。在经济新常态下，企业需要把握互联网商业的新特质，在营销推广中充分注重场景构建，通过线上线下的有效连接融合，为用户"讲故事"，给他们带去新的场景化价值体验，从而在以用户为中心的市场竞争中占据主动。

（1）场景营销，打破媒介束缚

移动互联时代是一个场景化的时代，人们始终处于碎片化的生活场景之中，消费诉求也从以往的线上产品和服务转向即时的场景体验。这必然要求企业运用场景化的思维方式，重构商业模式和运作流程，在营销推广中更加注重满足用户的场景价值诉求。

海底捞火锅以"服务至上、客户至上"为基本理念，深耕服务，从而获得了良好的口碑传播红利。例如，基于客户需要排队的现实，海底捞就免费为等待的客户提供美甲、豆浆、小吃、水果等服务，从而为客户创造了新的场景体验，增强了用户的品牌黏性。

雕爷牛腩同样如此，以"求道"的态度去做一碗牛腩，为客户带来期望之外的价值体验。例如，餐厅设有独特的 CEO（首席体验官）岗位，以顾客的视角感知餐厅的产品、环境和服务，从而不断优化完善。

本质上说，移动互联网的发展普及，让企业的营销推广大大突破了媒介平台的限制。传统的O2O营销模式，是通过线上平台和App的打造，吸引用户的注意力，然后完成订单，获取价值。在这种模式中，平台媒介的流量和传播，对企业营销有较大影响。

然而，移动互联时代，用户的线上体验基本饱和，仅靠产品和服务创新，很难再有效吸引用户的注意。因此，企业要学会场景化的思考方式，不仅卖产品和服务，更卖基于用户碎片化场景的"新概念"和"故事"，即企业要在线上与线下建立起高效的融合连接，注重用户的即时性"场景"，以及基于场景的价值"体验"。

（2）场景化营销的发展

其实，人们始终处于具体的生活场景之中，场景化营销也随着互联网技术和平台的发展普及，表现出不同的运作形式。

在"流量为王"的门户搜索阶段，搜索广告就是一种基于用户兴趣的场景营销。比如，用户在百度上搜索关键词，网站根据用户的关键词内容，展示相关的广告信息，这就是一种基于搜索场景的广告营销。

而后，互联网进入数据化发展阶段，这时商家可以利用大数据等先进技术对用户群体进行深耕，以挖掘更多的商业价值。通过对用户的地理位置、时间、行为、需求等多个层面的综合考虑，细分和定位用户的不同场景需求，从而极大地优化用户的产品需求和服务体验。

例如，对于外出旅游的用户，商家可以借助机票预订平台，为他们提供目的地周边的住宿、餐饮、景点等延伸信息服务。

场景化营销的关键，是要通过各种手段，精准定位消费者在不同碎片化场景中的需求，然后推送优质的个性化产品和服务。同时商家还要站在用户的角度，主动为用户提供更多的增值和延伸服务，为用户创造更多价值。

（3）线上线下需求融合创造消费欲望

经过"流量为王"和"数据为王"的发展阶段，互联网的线上红利基本结束，仅靠单纯的线上创新，已经很难再引起用户的参与兴趣。因此，企业需要运用互联网的工具和平台功能，凸显连接本质，将线上与线下有效融合起来，通过线上线下的连接，构建新的体验场景，为用户"讲故事"，实现线下流量的线上导入，以及线下业务的转型升级。

移动互联技术的快速发展普及，为用户碎片化场景的线上连接提供了条件和支撑。在这种新经济常态下，企业需要精准把握用户碎片化、个性化、垂直化的即时场景需求，并与线上服务进行高效连接，搭建出一个全新的体验场景，为用户创造价值的同时，实现自身的利益。

移动互联时代的到来，凸显了人们的碎片化场景需求，也重构了企业的营销模式。在产品已经极大丰富的情况下，商家首先需要通过价格战等方式吸引到足够的品牌粉丝，然后利用场景化的思维方式，不断为用户创造新的碎片化的场景体验价值，从而激发用户更多的消费欲望，实现企业的营销目标。

2.2 场景与消费者决策：颠覆传统的消费者行为决策路径

2.2.1 从"消费介入—决策"模型看场景化营销

广告营销的目的，是通过各种因素激发消费者的购买欲望，实现产品销售或品牌塑造。因此，从消费者行为的维度进行分析，可以将场景化营销理解为"影响消费者行为决策的先行变量之一"，即场景化营销是通过具体的情景感知，介入到消费者对产品、广告、购买等内容的反应决策之中，进而激发他们的消费欲望。

移动互联时代，场景被赋予了全新的内涵，也因此改变了传统的消费者行为决策路径。因此，分析移动互联时代消费者行为决策的路径新特征，有利于场景化营销的顺利实现，甚至有助于推动企业整体的营销变革与重构。

图 2-3 消费先行变量

场景营销：
大连接时代的"营销颠覆者"

消费先行变量一般包括个人因素（兴趣特质、价值观念、需要程度等）、客体刺激（互动沟通的方式与内容、可选择的方案等）和情境因素（场合、时间等具体的移动场景）三个方面（图2-3）。这些变量会影响消费者对广告、产品等信息的关注和介入程度，并最终影响到他们的决策行为。

日本最大的广告和传播集团电通公司，针对移动互联时代消费者生活形态的变化，提出了AISAS消费者行为分析新模型，即：Attention（注意）→ Interest（兴趣）→ Search（搜索）→ Action（行动）→ Share（分享）。

借助AISAS分析模型，融入美国学者所罗门·阿希（Solomon E.Asch）的消费者介入度影响模型，可以建构出如下的"消费介入—决策"模型示意图（图2-4）。

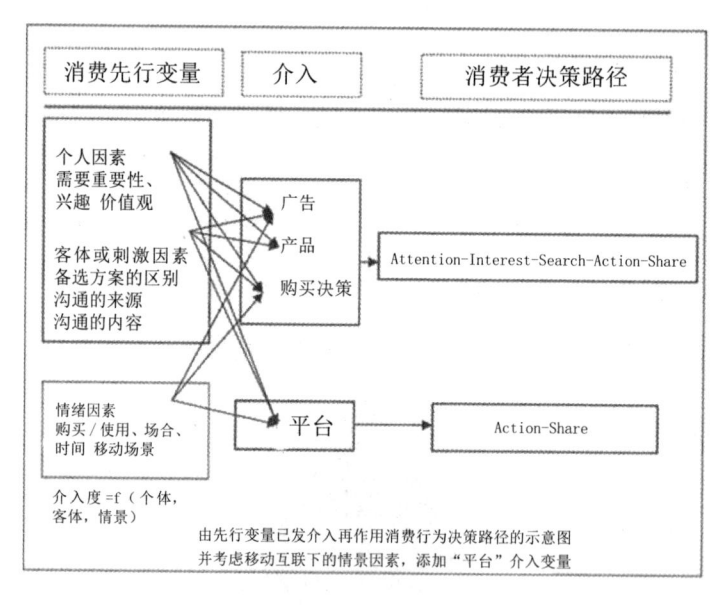

图2-4 消费介入—决策模型示意图

下面，我们将从场景因素对消费者行为的影响、场景化对消费者介入的影响以及场景化对消费者行为决策的影响三个层面，对移动互联场景下消费者决策路径的变化进行阐述。

2.2.2 情境消费：抓住需求痛点，改变消费者行为决策

在本节内容中，我们主要分析场景因素对消费者介入行为的作用，从而体现出移动互联时代，作为先行变量的场景因素在"消费介入—决策"模型中的重要作用。

场景化营销的关键是精准定位消费者的碎片化场景需求。移动互联时代，场景因素是用户碎片化时间、空间以及周围环境因素的总和。在这一意义上，可以将场景理解为具体的"消费情境"（consumption situation）。

消费情境是指个人与产品之外的、影响消费者购买欲望和行为的即时性因素。这种即时性因素包括行为和感觉两个方面，会对消费者的内心活动和具体的行为意愿造成影响。例如，在不同的场合，人们会表现出不同的消费行为；在某个特定的时点，人们也会有不同于其他时间的购买欲望和行为。

情境因素对消费者行为具有重要影响。借助于具体的消费情境，可以将产品或品牌与消费者的具体时间、地点、行为等内容连接起来，有效促进用户的品牌使用意向。

贝壳（Belk）的情境理论指出，情境因素是解释消费行为的主要变量，能够解释18.7%的变异量；桑德尔（Sandel）的研究则证明，高达40%的变异量可以借助情境因素进行分析。

具体而言，移动互联网时代，基于碎片化移动场景的营销模式将成为广告营销的重要形态。借助场景化营销，企业和品牌可以精确把握消费者的个性化需求及消费痛点，从而实现产品和服务的精准推送，进而激发消费者的购买欲望。

例如，针对消费者"占便宜"的心理，商家可以在特定场景中，为用户推送优惠券、商品折扣等信息，从而最大限度地吸引用户的关注，提升消费者参

与互动的积极性。

另一方面，在不同场景中，人们的自我认知，以及对被他人认知的心理期待往往不同，这也使场景因素能够影响到消费者的行为决策，即在不同的场景中，人们的社会角色和行为期待是不同的，而这必然会影响到人们的消费选择和决策。

场景化营销就是根据用户的交互数据、地理位置、社交信息、消费倾向等信息，精准定位不同场景中用户的自我身份认知与被他人感知的期待，从而为他们提供定制化、个性化的产品和服务体验，满足他们的场景诉求，创造新的场景价值。

总之，在移动互联时代，场景因素对消费者行为决策的影响愈发明显。一方面，企业和品牌可以通过具体场景，抓住消费者的需求痛点，进而搭建出符合要求的产品和服务场景，激发消费者的购买或使用欲望；另一方面，消费者在不同场景中的自我认知与被认知期待，也影响着他们的消费行为选择。

2.2.3 移动场景：构建场景，实现营销到购买的转化

如图2-4（消费介入—决策模型示意图）所示，移动互联时代消费者的行为决策路径分析需要将移动性、碎片化等新的情境因素加入其中，即在构建"消费介入—决策" 模型时，时间、移动场景等成为不可或缺的变量。

另外，移动互联时代，基于社交媒介平台的营销推广逐渐成为企业营销的重要形态。因此，"平台"因素也需要加入到"介入"变量中，这也是AISAS消费者行为模型的核心环节（基于社交平台的分享传播）。

介入（involvement）是指消费者基于自身的内在需求、兴趣倾向、价值理念等个体因素，对广告、产品、品牌或购物情境等客体刺激的感知反应。消

费者对这些客体的介入程度，反映了消费者的行为倾向和消费动机。

例如，有着健康需求的消费者，会高度关注保健产品，并在使用后形成有关该产品的主观评价。这里，主观评价是消费者介入，产品则是一个介入变量，它连接着用户的健康需求与产品使用的主观评价。

除了产品，广告、品牌、购买决策、平台等都是介入变量。特别是在移动互联网时代，社交媒介平台逐渐成为消费者介入的最重要变量，也是场景化营销的关键因素。

移动互联网的发展极大削弱了传统媒介的入口价值，也重构了以往的广告营销模式。借助社交平台自身的媒介传播互动特征，基于具体社交情境的互动式营销在企业整体营销战略中发挥着越来越重要的作用。而作为移动场景的入口，消费者对于平台的反应，表征着场景化营销的效果，也体现了最终的消费行为转化程度。

具体而言，借助移动社交平台，企业实现了与消费者直接的互动沟通，从而能够及时准确地把握不同碎片化场景下的用户诉求。同时，借助不同的场景特质，企业可以将消费者准确导入适宜的平台，从而大大提升营销推送的精准度，有助于实现从营销到购买的转化。这既满足了消费者的场景化价值诉求，也有效降低了企业的无效广告费用，节约了运营成本。

图 2-5 构成场景的"五原力"

场景营销：
大连接时代的"营销颠覆者"

全球科技创新领域最知名的记者罗伯特·斯考伯（Robert Scoble）在其《即将到来的场景时代》一书中，提出了构成场景的"五原力"：移动设备、社交媒体、大数据、传感器和定位系统（图2-5）。

因此，互联网巨头的争夺重心，将逐渐转向移动端的平台入口。随着移动互联网对社会生活各方面的渗入，移动端在社交聚合、用户数据搜集、移动轨迹记录等方面，将有无可比拟的优势，并可借此向商家展示消费者的行为习惯、价值倾向、消费偏好等，为企业和品牌制定合理的场景化营销策略提供客观依据。

移动互联时代，情境因素被赋予了新的内涵：特定的时间、空间场景，移动端的平台入口，等等。基于这些移动化的场景因素，消费者能够对广告、平台、产品、购买决策等客体刺激感知并反应，进而发生相应的购买行为。

2014年4月1日，百度推出了一款智能搜索外部设备"百度筷搜"，用以帮助用户判定食材是否有害，并为用户提供食品信息、安全参数等服务。在居家饮食这一传统场景下，用户可以借助这类智能硬件或平台，获取有关食品安全状况的各种信息。

由此，"百度筷搜"通过适宜的场景搭建，有效解决了需求痛点，为用户带来了更高质量的健康生活，也创造出更多的价值。

这种围绕用户需求的移动场景构建，显然会影响消费者的行为介入程度，并有效激发用户的消费行为。另外，在获得相关交互数据后，商家还可以借此进行更深入的互动式营销，比如根据消费者的饮食习惯，推荐符合他们需要的食品、药品等。

简单来讲，"百度筷搜"的场景化营销路径，其实就是基于用户需求，搭建移动场景，将用户导入平台，从而促进购买和消费行为。这里的关键是，合适的导入平台（智能搜索外部设备）推动着消费者介入。当然，作为先行变量之一，平台的介入程度也会受到个人因素、客体刺激、情境等其他变量的影响。

第 2 章
场景营销的本质：实现营销与需求的无缝连接

2.2.4 即时连接：实现用户、产品与服务的无缝连接

日本电通公司提出的 AISAS 消费者行为分析模型，指出了以"搜索"和"分享"为核心的 Web 2.0 时代消费者生活形态的变化。不过，随着移动互联网的普及渗透，虚拟现实技术、人与场景的实时连接等，又推动了消费者决策路径的新变化，乃至重塑了以往的路径模式。

在"消费介入—决策"模型图中，相对于上半部分的 AISAS 行为模型，通过平台变量实现的"行动和分享"机制显然更明显体现了移动场景下的决策路径变化：直接、即时。

精准定位消费者的即时场景需求，跳过兴趣、搜索等环节，通过"平台"（移动智能终端、App 应用等）实现用户和产品、服务的直接连接，进而促发消费行为。

不同于将各种产品或服务信息全部展示以供用户选择的传统营销模式，由于时空场景的碎片化以及移动终端界面的小屏化，移动互联驱动下的场景化营销，要求商家能够利用以往的用户交互数据分析，准确定位消费者的即时性场景需求，有效解决用户的消费痛点，从而吸引和黏住用户。

移动互联时代的场景化营销，更加注重追踪定位消费者的碎片化场景状况，感受他们的当时当下之需，从而更有针对性地推送相关产品和服务，为用户创造更多的场景价值。

显然，借助相应的平台入口，这种场景化营销将消费者与产品、服务更加直接紧密地关联起来，从而跳过了 AISAS 模型中的兴趣、搜索等环节，更加符合移动互联时代消费者不断变换的碎片化场景需求。

例如，致力于地图导航服务的高德地图，在获得足够多的用户数据以后，就可以根据相关的交互数据，提供预测服务。

场景营销：
大连接时代的"营销颠覆者"

如针对用户下班后常常停留的一些"碎片化场景"，可以主动推送周边的餐饮休闲信息，而不需要等待用户进行搜索。这种利用大数据信息、基于碎片化场景的信息推送，使消费者跳过了行为决策的注意、兴趣、搜索等环节，优化了用户的场景体验，也有利于实现场景化营销的目标。

总体而言，"消费介入—决策"模型图中，上半部分指出了传统营销模式下的消费者行为决策路径模型，下半部分则重点展示了移动互联时代，情境因素中新增的时间、移动场景、平台等变量对传统决策路径的重塑，即在移动互联的驱动下，追踪定位、大数据等技术的发展成熟，使商家可以更加准确地感知到消费者的即时性场景需求，并可以借助相关平台，实现消费者与产品或服务的直接关联，从而促使消费者直接购买、使用和分享。

简单地说，移动互联时代，碎片化的场景需求凸显。场景化营销就是敏锐感知到消费者的具体场景消费痛点，借助移动互联技术和智能终端等，实现与消费者的即时连接，并将其导入平台，促发消费行为。

移动互联时代，人们的消费行为呈现出多元化、个性化、长尾化、碎片化等特点。场景化营销能够有效适应这种消费需求变化，实现价值创造和收益获取。

★传统营销模式中，首先需要消费者找到平台的关联入口，进而通过多种途径促发消费行为。与此不同，移动互联驱动下的场景化营销模式能够通过追踪定位消费者的具体场景，准确把握其需求痛点，主动将用户导入平台，实现消费者与产品或服务的直接互动关联，满足用户的即时场景需求，刺激消费行为。

★场景化营销真正体现了移动互联时代"以人为本"的特质。场景化营销的关键是准确定位消费者所处的碎片化场景，感知消费者的当时当下之需，这样才能抓住消费痛点，有针对性地将用户导入平台，搭建相宜的消费场景，为用户创造更多的价值，从而促进用户进行购买、使用和分享的决策。

2.3 场景营销的本质:"体验+连接+社群"的三维解读

2.3.1 场景营销三要素:体验、连接、社群

随着互联网的发展,企业开始运用互联网思维搭建场景、营销产品,如房产销售、旅游景区的推介等。但在移动互联网时代,场景营销有了全新的含义。

移动客户端的 App 应用就是典型的场景营销,它以软件形式为用户提供各种体验场景,而这在 PC 互联网时代是难以想象的。在技术的支撑下,场景开始颠覆传统的商业思维,重构契合时代特点的商业模式。

移动互联网的发展,使消费者的主体地位得以提升,企业开始以为用户创造价值为经营理念。场景为企业与消费者提供了交流的平台,增强了消费者对企业的信任感。例如,在 PC 互联网时代,用户主要通过门户网站获取信息,但在移动互联网时代,微信的发展为用户提供了更为便利的获取信息的渠道。用户更愿意依赖人际关系获取有效信息,因为他们相信经过朋友圈筛选过的信息一定是有价值的信息。

随着消费者地位的改变,产品的意义也随之发生了变化。在工业化时代,产品一经完成便不再发生变化,它的功能是固定的,而在移动互联网时代,随着场景营销的广泛应用,产品功能也处于一种不断变化发展的状态中。

企业构建特定的场景,能够实现精准营销,同时还能够加强与消费者的互动交流,增强他们对企业的信任。例如,基于人际关系迅速发展起来的移动电

商，口袋购物微店的迅猛发展等。

因此，场景的构建成为决定企业能否获取高额利润的重要因素。在移动互联网时代，场景不再是一个单纯的概念，而是成为与商业模式、市场规模密不可分的营销战略。基于场景展开的玩手游、看电影、约会、喝茶等活动都有了不同于传统方式的新体验。在移动互联网时代，场景在体验、连接和社群三方面得以重构（图2-6）。

图 2-6 场景营销三要素

① 体验层面

在移动化场景时代，体验是衡量各种活动，如人际交往、社交、娱乐、商业活动、网上虚拟活动等的重要指标。在场景化营销出现以前，消费者更注重产品价格，而在场景化营销出现之后，消费者更注重的是产品带来的体验。只有获得良好体验，消费者才愿意为产品买单。

② 连接层面

随着移动互联网的发展，信息逐渐碎片化、分散化，从而形成多元化的场景。智能手机的 App 应用为用户提供了多样化的场景体验，从而建构起新的商业思维和产业模式。

③ 社群层面

企业通过构建特定的场景来吸引消费者购物，同时还能够将有相同兴趣的消费者聚集在一起。因此，在定义新场景时可以从体验、连接和社群三个层面来进行。

2.3.2 场景体验：引发消费者情感共鸣

移动化的场景营销以体验为核心，通过构建特定的场景来引起消费者情感上的共鸣，并由此划分产品的种类。在工业化时代，主要是大机器规模化生产，企业所提供的产品和服务也是以满足大多数人的需求为主，消费者的个性化需求被忽视，商品的选择空间小。因此，消费者在购物时更多考虑的是产品的价格。

第一代电子商务网站，如亚马逊，通过扩大经营规模，大批量的仓储、运输货物来降低经营成本，从而形成价格优势，吸引了大量的消费者，而电商也成为PC互联网的主要经营模式。

在移动化场景时代，互联网技术迅猛发展，精细化生产、3D打印技术等广泛应用，企业开始重视消费者的中心地位，为其提供个性化的服务，基于消费者的爱好而形成新的行业。

例如，在工业化社会或者PC互联网时代，瑜伽只是小部分人的爱好，而在移动互联网时代，它却成为一个新兴行业。对于生活在一二线城市的消费者来说，练瑜伽已经成为高品质生活的象征。

有着相同兴趣爱好的消费者聚集在一起就形成了一个社群，他们有着这个社群的独特标志。例如，练瑜伽的人会穿瑜伽服，从而带动了瑜伽服产业的兴起。在2013年和2014年"维多利亚的秘密"的销售额中，瑜伽服的增长速度最快。

企业通过构建特定的场景能够实现精准营销，同时依托智能传感器、网络以及相关的硬件和软件，企业还能获取精确的数据，从而衡量所构建的场景是否有效。

例如，通过百度指数、微博热度等一系列场景化背后的数据，我们可以了解星巴克有多少粉丝，咖世家（Costa）有多少粉丝。此外，企业还可以了解有多少用户对公司的产品感兴趣，又有多少潜在的客户。通过数据分析，企业可以为消费者量身打造产品和服务，满足其长尾需求。

2.3.3 场景连接：多元化场景下的跨界融合

在移动化场景时代，移动智能终端的连接无处不在，它将碎片化的信息连接起来，构成了多元化的场景，同时又为创新提供了无限可能。

基于体验的场景能够将有着共同特征的消费者聚集起来，形成一个社群或部落。在这个社群中，他们会形成社群文化，并通过网络等技术迅速传播，进行重组。

例如，随着移动互联网的发展，影视业和服装业实现了跨界融合。在韩剧风靡中国的同时，剧中人物的服装也引起了消费者的注意，他们会通过各种渠道去搜索、评价这些服装。

而服装制造商通过百度指数、微博热搜等一系列相关的数据，来了解消费者的需求，进而加工设计，在市场上推出同款服装。这意味着，购物场景、社交场景等已融入影视剧中，随着商业模式的多元化，跨界重组成为新常态。

2.3.4 场景社群：App 场景实现社群价值最大化

（1）社群崛起，App 重生

在移动化的场景时代，场景营销占据着十分重要的位置，广泛应用于旅游、教育、餐饮等各大行业，形成新的社群形态，从而颠覆传统的商业思维，重塑商业模式，进而带动整个市场经济的发展。

随着移动互联网的发展，移动智能终端的 App 也随处可见，手机 App 成为场景入口，尤其是美甲、健身、美容、小区、厨师、打车、旅游、摄影、航班等细分场景，为用户提供了个性化的服务。

伴随着移动互联技术而生的 App，不同于传统的 App 应用，其以应用场景为核心，具体表现在以下两个方面（图 2-7）。

更注重实际场景的构建

更注重社群生态的营造

图 2-7 App 场景应用的两大特征

①更注重实际场景的构建

基于场景产生的 App，贴近用户的现实生活，广泛应用于电子商务领域。它们以为用户提供具体服务为设计理念，在特定场景中为用户提供个性化的体验，满足他们的长尾需求，以此形成用户黏性和忠诚度。

与传统 App 相比，基于场景产生的 App 的一大特点就是注重在某一特定场景中解决问题，如 Uber 专注于打车领域、河狸家从事美甲行业、爱大厨提供厨师上门服务，每一个 App 应用都解决某一领域的某一问题。

而在同一个场景中，它会从时间、空间、行业、兴趣等方面为用户提供个性化服务。例如，Uber 采取分段收费的方法，不同的时间和地段收费标准也不同，美甲行业也会根据时间、美甲的样式采取不同的收费标准。

②更注重社群生态的营造

在一定场景中，有着相同兴趣爱好的用户会聚集在一起，形成一个社群或部落。而基于场景产生的 App 的另一个特点就是更加注重营造社群生态。

随着移动互联网的发展，以用户为中心的经营理念逐渐被各个行业认可，无处不在的移动智能终端 App 开始将碎片化的信息连接起来，构建多元化的商业模式，而基于场景存在的社群更注重的是产品所提供的体验。新生的 App 不同于传统 App 的第二大特点就是场景是产品，也是社群。

与此同时，场景与产品、社群的融合，也意味着共享经济时代的来临。以人为本，为用户服务，各行各业开始打破界限，共享资源，跨界融合。

（2）从 App 到更丰富的场景：社群运营三要素

新生的 App 作为场景时代来临的体现，为用户提供了切合实际的服务，满足了用户的长尾需求。一个 App 体现一个场景，但并非所有的场景都以 App 的形式体现。一个场景意味着一件产品、一个社群。

因此，在移动化的场景时代，营销产品就需要构建场景，而从单一的 App 场景到多元化的场景，企业需要重点掌握以下三个要素（图2-8）。

图2-8 社群运营三要素

①媒体性

由一定场景中的用户聚集起来的社群有其自身的特点，这个特点也就是它的主题，用以与其他的社群相区分。

社群的主题需要具备内容明确调性、发生黏性、产生传播性三大特性。这意味着，用户在进入某一社群之前，首先要对这个社群的主题有明确的认识，有着强烈的好奇心；在进入之后，被社群丰富的内容所吸引，形成黏性；最后自主充当社群的传播者。在同质化产品中,社群以其独特优势形成自己的品牌效应。

由此可见,作为运营社群的首要环节,内容发挥着十分重要的作用。微信公众平台凭借优质的内容吸引了大量用户,并将用户变为粉丝。与此同时,内容也引起了各大行业的重视。PGC 和 UGC 是内容的两大主要来源,一方面企业需要规范引导社群成员的言论、价值观念等;另一方面,也要以人为中心,赋予社群成员发声的权利。

②社交性

既然社群是以人为中心,而人又无时无刻不处于人际关系网络中,那么社交性是运营社群者必须重视的第二个要素。因此,社群运营者需要将社群里的成员连接起来,激发每个成员的潜力。企业在生产产品时,也要注意到社交的重要性,将产品人格化。

虽然社群注重社交性,但社群并不等于微信群。社群涵盖的范围极为广阔,而微信群只是社群的一个具体表现形式,它可以有效组织社群成员。

社群运营者在将社群成员连接在一起时,首先需要对社群的群体有一个清晰的认识。例如,分清产品面向的对象,哪些是面向消费者,哪些是面向产品平台,哪些是面向第三方服务提供者。在对社群成员有了清晰的定位之后,再运营社群。

社群运营者其次要做的就是制定相关的规章制度,明确社群成员的职责,加强彼此之间的联系。例如,明确社群服务提供者、使用者的职责,加强他们之间的连接,以及各自内部的连接,如点评、排名、分享、线上线下活动等。

③产品性

一个场景就是一件产品,也是一个社群,而社群也可以是一件产品。因此,社群自身所具备的产品性,就是让社群更贴近实际,为社群的媒体性和社交性提供基础和保障,从而构建更为和谐健康的社群。

产品主要由实物产品和虚拟产品构成（图2-9）。

实物产品	如服装、食物、装饰品等交易行为伴随着社交的产生
虚拟产品	主要是指APP、公众账号等交易过程中产生社交关系

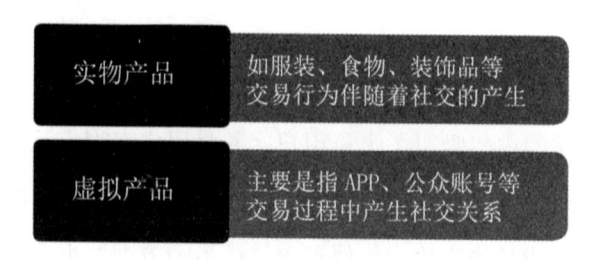

图2-9 场景营销中产品的两大类别

实物产品指的是现实生活中存在的实际物品和真实场所，如服装、食物、装饰品、酒店、商店等。用户在接触、交易实物的过程中，就伴随着社交的产生，而在实物上贴上二维码就催生出礼品经济；另外，现实生活中存在的真实场所则无处不存在着社交性，如餐厅、美容店等，只要有客户，就伴随着社交的产生。

虚拟产品主要指的是App、公众账号等。移动互联网的发展为社群运营提供了技术支持，可以构建特定的场景用以满足用户的需求。例如服装行业，可以利用移动互联技术每天生成日记，并以生成内容与用户交流，形成社交关系，进而将产品性与媒体性、社交性更紧密地连接起来。

总体来说，移动互联网的发展使现实生活朝着碎片化方向发展，而场景的兴起则将一个个碎片连接起来，形成社群。移动智能终端的App将现实生活垂直细分，成为社群运营的具体体现。随着移动化场景时代的来临，各大行业必将纷纷布局场景营销领域。

2.3.5 广告家：场景营销在移动时代的"进化"

在各种O2O项目遍地开花的时代背景下，传统的营销模式已经满足不了商家对营销的需求，场景化营销作为一种新兴的营销模式开始受到商家的广泛

第 2 章
场景营销的本质：实现营销与需求的无缝连接

关注和利用，并且在产品营销中发挥了重要的作用。

而随着移动互联网的快速、深入发展，场景化营销也逐渐完成在新时代的进化，并带来一种全新的面貌。传统的场景化营销离不开互联网内容的浏览，而在移动互联网时代，场景化营销已经可以与内容分开。

在移动互联网时代的场景化营销，可以根据用户的地点和状态进行精准的信息推送，比如，餐厅可以根据位置定位服务将其信息推送到用户的手机上。

在移动互联时代，商家应该怎样进行场景化营销？总的来说，还是要以用户为中心，从用户实际需求出发，直击用户的痛点。用户在不同场景下关注的内容也会不一样，同时在兴趣点上也会有所差异，而营销则要对当前环境下消费者的需求进行了解和掌握，并向其推送产品或者品牌信息，实现精准营销。

因此，广告商们要学会深入挖掘和探索用户的需求，了解在场景下用户群体的特点，从而实现RTB（Real Time Bidding，实时竞价）或者非RTB的精准广告投放，在营销互动中全面了解用户的需求，并及时对投放过程进行优化。

我们的生活中存在着各种各样的场景，消费者的消费行为就暗含着一些场景，比如你正在追求一个女孩子，想要送她一件特别的礼物，而这时正好有信息来提醒你可以送什么样的礼物，从这些信息中你选择了某种商品作为礼物，这就是一种场景，并且这种场景下的信息推送契合了你在情感以及理智上的消费需求。

场景营销是建立在消费者当前情境下消费需求的基础之上的，在这种情境下推送的商品信息更容易促成交易。随着互联网技术的发展以及大数据的广泛应用，场景化营销将会升到一个新的高度，品牌商将主动出击，深入挖掘用户的需求痛点，并根据用户的实际需要提供相应的解决方案，从而构建一种全新的使用场景，创造一种新的营销机会。

（1）基于场景化营销的实例

北京光音盛世信息技术有限公司旗下的广告家是全国最大的本地营销网

场景营销：
大连接时代的"营销颠覆者"

络平台，自成立以来始终坚持本地化广告的定位，通过整合自身的技术优势和硬件优势，在充分利用用户行为数据模型以及稀缺资源的基础上构建了一套相对完整的场景化营销生态系统。广告家致力于为客户系统的场景化营销提供解决方案。

有一家全国连锁火锅店，每年在节日期间为了提高客流量都会发放火锅优惠券，在广告家的协助下，这家火锅店是如何利用这一策略吸引消费者的呢？

广告家首先对火锅店的需求进行分析：火锅店面向的是喜欢火锅或者喜欢辛辣食物的消费群体，因此火锅店需要找到这个群体进行精准的优惠券投放，同时也可以吸引用户在线上下载优惠券。

在了解火锅店的广告投放需求之后，广告家利用商用Wi-Fi资源为火锅店提供了一套场景化营销方案，并在吸引消费者到店消费方面发挥了重要的作用。

在这里需要说明的是，场景化营销并不是在定位用户地理位置的基础上投放广告这么简单，广告家可以在场景、受众人群以及时间段生成的匹配系数方面对用户群体进行精准定位。

★针对匹配系数高的用户群体，商家要高竞价多频次投放广告；

★对于匹配系数处在中游的用户群体，商家可以正常出价正常频次投放广告；

★对于匹配系数低的用户群体，商家要不出价或者低价低频次投放广告。

据调查，场景化营销中广告的点击率为1.2%，用户到店的峰值转化率为1.8%，可以尽可能地发挥广告预算的价值，实现广告投资回报率（ROI）值的最大化。

（2）移动互联时代，场景化营销如何实现进化

移动互联网的高速发展使得场景化营销摆脱了网站内容环境的桎梏，拥有

第2章
场景营销的本质：实现营销与需求的无缝连接

了独立发展的机会。建立在位置定位服务上的场景化营销，将营销的触角伸向了与用户更加贴近的生活和工作环境，在此基础上通过对线上线下数据的挖掘和利用，可以更加精准地抓住用户群体，定向推送广告信息，满足用户在某一特定场景中的消费需求。

在互联网时代，场景化营销是建立在用户上网行为基础上的，包括输入场景、搜索场景以及浏览场景，通过对这些场景的分析和了解，掌握用户的需求。

而在移动互联网时代，场景化营销已经不受内容环境的限制，可以在获知用户时间以及地点信息的基础上，面向用户进行精准的信息推送，比如可以在获知用户地理位置的基础上向用户推送餐厅的信息，在某一个时间段推送新闻资讯等。

场景化营销在移动时代的进化，主要经过了两个阶段（图2-10）。

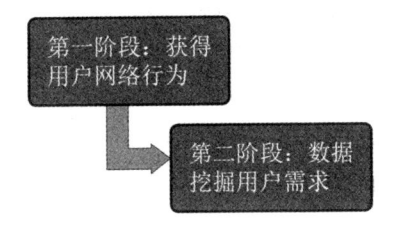

图2-10 场景营销的两个进化阶段

① 第一阶段：获得用户网络行为

用户的网络行为包括通过搜索引擎以及浏览器获取用户的信息和资料等。

在互联网时代，场景化营销中的场景主要是输入、搜索和浏览三大场景，在重视满足用户上网体验的基础上，围绕用户在三大场景中的信息数据，构建一种网络营销模式：用户从自己的兴趣出发去网络上搜索相关的内容，商家在获取用户搜索信息的基础上就可以针对用户的需求开展营销，而这一营销行为的触发要以用户的网络行为为核心。

② 第二阶段：数据挖掘用户需求

场景营销：
大连接时代的"营销颠覆者"

利用广泛覆盖的移动互联网以及不断提升的技术手段，商家可以获取用户的时间、地点、浏览记录、使用行为等多方面海量数据，在对这些数据综合考虑的基础上可以识别更加精准的用户场景，从而从品牌自身特点出发向用户推送有价值的信息，满足用户在场景中的需求。

比如获知了用户在网上预订机票的信息之后，商家可以向用户推送目的地的酒店以及旅游景点的信息等。

（3）"进化"中的三大驱动力

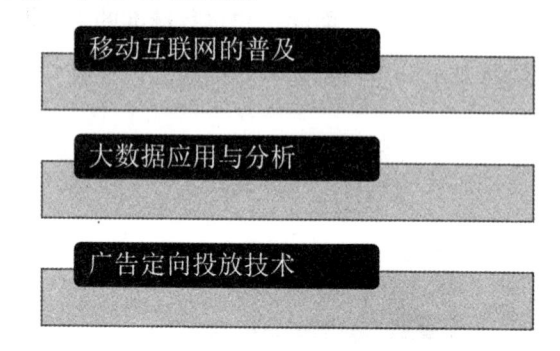

- 移动互联网的普及
- 大数据应用与分析
- 广告定向投放技术

图2-11 场景营销进化的三大驱动力

①移动互联网的普及

移动互联网的广泛覆盖可以让广告随时随地投放到用户那里，为场景化营销的发展和进化提供了重要的支撑。手机用户个性化的特征，让广告实现了私人订制，较好地满足了用户对个性化的追求。

②大数据应用和分析

移动互联网时代，大数据是其重要特征之一，通过对大数据的挖掘和分析，商家可以对用户有更深刻的了解，可以为用户画像或者贴标签，找到用户的需求痛点，进而推送相关的信息。

比如，广告家拥有海量的场景数据，可以为O2O商家的产品或服务推广提供重要的支持，线上吸引用户，线下消费。

③广告定向投放技术

在数据分析以及定位服务的基础上，可以针对用户实现定向广告投放。定向技术与数据挖掘技术是相辅相成、相互支撑的关系，比如利用广告家进行广告投放，可以同时获取信息和消费者的反馈，从而在反馈的基础上对广告投放进行优化升级。

广告家所有的流量都来自于一些具体的场景，比如校园Wi-Fi、餐厅Wi-Fi、网吧等，这些场景往往具有较强的区域性特点，广告家可以根据商家的实际需要具体定位场景，然后进行广告投放。

从本质上来讲，场景化营销的进化离不开数据以及技术支持，商家可以通过大数据获得用户更详细的信息，了解用户的实际需求，然后再充分利用技术优势在特定的场景中开展营销活动，这不仅可以降低营销成本，同时也可以有效提升营销效果。

第3章

场景商业时代,企业如何构建场景营销模式?

3.1 场景构建：抢占移动互联网时代营销制高点

3.1.1 未来商业的竞争是场景营销之争

随着移动互联网的发展，人们的生活发生翻天覆地的变化，手机成为生活必需品，人们无时无刻不在看手机，但产品营销人员却依旧无法找到自己的目标客户，并与之交流互动。

移动互联网时代的来临使每个人都可以移动上网，但随之而来的信息碎片化却在分散人们的注意力，传统的营销方式已无法适应时代变化的节奏，消费者面对产品信息也失去了耐心。

企业应如何制定营销策略，如何为消费者提供个性化的服务？

2015年，滴滴专车推出"北上广深吸血加班楼大PK"微信活动。用户自主参加，投票选出全城吸血加班办公楼，滴滴专车会给排名前100办公楼的投票用户赠送5张面额分别为45元的滴滴专车券。

在滴滴专车看似简单的微信营销中，它用"我们都是加班狗，每天凌晨才能走"这首《加班之歌》引起用户情感上的共鸣，并且采用奖品的形式吸引了大量的用户参与，从而成功获取了用户数据。

从滴滴专车的营销案例中，我们可以看出：为受众构建特定的场景，可以实现精准营销。

场景营销就是企业根据消费者所处时间（time）、地点（place）、场合

场景营销：
大连接时代的"营销颠覆者"

（occasion）的不同，而采取不同措施，为其提供实时服务，以满足其不同需求。随着移动互联网的发展，场景营销必将重构整个商业模式。

移动技术的发展为人们的生活、社交提供了便利，定位系统的出现打破了空间界限，而移动设备的产生则加强了人们之间的联系，可以随时随地与朋友、商家交流互动，获得最前沿的产品信息。同时，信息的更新无需人工手动操作，系统会自动更新，并根据用户浏览商品的记录，推送相关的信息。

用户所使用的技术在日常生活中随处可见，而场景则负责整合这些技术，使其发挥应有的效力。

在传统时代，技术的发展程度满足不了企业营销的需求，因此，企业在为消费者提供服务时，通常分为了解消费需求、研发相应产品、物流配送三步。企业将大部分精力放在"让消费者意识到自己有这个需求"以及"当他们下次在渠道进行购买时能回忆起我们的产品及品牌"上，也就是如何吸引客户，留住客户。

央视第五频道直播中超决赛前，可谓是广告的黄金时段，其中就有 C 罗代言的清扬洗发水广告。这款洗发水广告给观众留下了深刻的印象，而在其后很长的一段时间内，到处都可见 C 罗代言的这款洗发水广告。

那么，受众的洗发水用完之后，是否会凭借着印象去购买清扬洗发水？或许清扬凭借着产品质量以及 C 罗的形象成功地在受众心里留下一丝印象，在同类产品大肆推出优惠促销活动时，消费者还能选择清扬的洗发水。

消费者从需求到购买、使用，期间经过了较长的时间，接受过大量的产品促销信息，甚至可能由于工作、学习等原因更换居住地点，所有这些不确定的因素都会对产品的营销形成考验。更为重要的是，在日常生活中，很少有人愿意花费时间去研究一款洗发水。

在用户没有产生需求的情况下，企业花费大量的人力、物力、财力做出的营销方案只能是白辛苦一场。

随着移动互联网发展而催生出的场景营销，将改变这一现状。而伴随着技术的发展，人们的发梳或许会带有传感装置，将自动记录消费者的发质情况，同时预测头发的生长状况，并根据生成的数据，向消费者推荐相应的洗发水品牌。而消费者只需与发梳推荐的洗发水品牌交流互动，点击购买，就可以在洗发水用完之前收到新的洗发水。

在上述过程中，消费者不需花费时间和精力去了解洗发水品牌，也不需时时关注家里的洗发水是否用完，一把智能化的发梳就可以解决所有问题，满足消费者的需求。而对于企业来说，它的营销创意、资金投入也不会再浪费。

（1）商业未来将由场景决雌雄

随着社会的发展，人类朝着两个方向进化：在物质生活方面趋向懒惰化，而在精神生活方面则越来越勤奋。基于人类的进化方向，社会进入一个"我们不用很累很麻烦就可以过得很舒服"的时代，而场景营销则是这一现象的催化剂。

消费者不需要考虑自己到底需要什么，营销人员借助大数据、移动互联等技术就可以获取消费者的消费记录，根据分析得出的数据向目标客户有计划地推送产品信息，引导购买，为他们提供个性化、定制化服务。

在大量数据的基础上，企业可以随时随地获取消费者的有关信息，如消费者什么时间，在什么地点，跟哪些人接触过，浏览过什么样的商品，甚至消费者在某一时间段内的情绪和感受，企业都可以精确地获取。

科技的进步，为消费者提供了众多便利，但随之而来的问题也困扰着所有人：人们的隐私将会暴露在迅速发展的技术下。不过为了享受科技带来的便利，大多数人还是会向企业提供自己的信息。

《生活大爆炸》中的Sheldon曾担心随着科技的进步，有一天以ATM为代表的智能机器将不受人类的控制，但在现实生活中，人们还是更倾向于使用ATM机而非到银行办理业务。

技术进步能为人们的生活带来巨大的便利，企业在利用科技获取消费者信息的同时，需要得到消费者的信任。只有得到消费者的信任，他们才会将自己的信息主动提供给企业，并且接受企业所推荐的产品。

未来，场景营销将是市场竞争的主流。消费者不需向商家反馈自己的需求，就可以体验到个性化的服务。

3.1.2 场景争夺：主战场从入口转向场景

传统互联网争夺的关键点一直聚焦于流量和入口，而到了移动互联时代，这一争夺点转移到了场景。

如今，页面浏览量的辉煌时代已经过去，立足于场景触发（Scene Touch）的场景时代悄然而至。互联网巨头们应当及时调整思维和立场，拥抱场景，不然很快就会与时代脱节。现在，很多企业都处于从PC经济到移动互联网经济的转型中，在流量经济逐渐失效的过渡期，不少企业面临着转型的机遇和挑战。

以场景为中心的商业体系正在构建，那么，在这一构建过程中究竟该遵循怎样的规则呢？

（1）流量模式失灵的原因是什么？

传统的互联网模式是以流量为核心构建的商业模式，而到了移动互联时代这一模式似乎运转不灵了。PC互联网时代下，PV日进百万却无法支撑一个团队，这是颇受人诟病的；而移动互联时代，基于广告按照面积来计算价格的准则，流量当然无法占据优势。

正是在这种理念的引导下，百度针对移动互联网的战略偏向于重视总量而忽视优质数量。比如如果超级App不够，其余的就由低一级的App来补足。这样的战略直接导致了百度始终无法在 BAT 里超越其他两家占据优势，原因在于这些低一层的 App 在超级 App 面前完全发挥不出自己的作用，在用户面前的曝光率不够，很容易被用户忘至脑后，成为不被打开的"僵尸应用"。

实际上，流量模式僵化老去的重要原因之一还在于其应用方式的简单粗暴。举个简单的例子来说，横幅广告作为一个出现率极高而且碎片化程度极强的广告形式特别容易受到用户的排斥，它出现在主程序界面上简直就是要催促用户快点关掉这个界面。

如今社会智能化程度越来越高，除手机、电脑之外，智能终端甚至已经应用到家用电器上，在这种情况下传统的流量模式还能保持价值吗？答案必然是否定的。

（2）主战场从入口转向场景

如果说百度已经从冰冷的神坛上走下来，那么阿里巴巴和腾讯就要"亲民"许多。他们狠下工夫了解用户的心思，顺应用户的思维方式和习惯构建场景，给了用户一个使用自己 App 的理由。

以打车软件为例，阿里巴巴和腾讯分别推出了快的和滴滴，两者的共同之处在于为用户构建了一个打车支付的场景，双方之间的竞争其实就是阿里巴巴和腾讯之间场景的竞争。从场景支付构建的过程我们可以得知，场景的构建需要找准用户的需求痛点，或者说弱点，切中这个点进行构建最容易激起用户的使用欲望，当然，购买欲望也随之而来。

实际案例证明，目前能够在互联网领域站稳脚跟的，无一不是能把场景运用得炉火纯青的。陌陌能在微信运用普及率如此之高的今天杀出一条路，闯出自己的市场，关键在于它构建了一个与微信有很大区别的同陌生人社交的场景；小米致力于建造一个独立的智能硬件王国，同时也注重用户与手机之间交流场景的构建；从腾讯所打造的游戏中，我们不难发现社交场景的影响和关联；而阿里巴巴始终保持对自己支付场景的维护。

从以上案例中我们不难发现，在移动互联时代，企业角逐的主战场已经从入口转向场景。

3.1.3 场景构建：场景模式落地的三个关键点（图3-1）

（1）以场景为中心

在移动化场景时代，市场竞争由以产品为中心转向以消费者需求为中心。移动技术的发展，使消费者的地位得以提升，企业不再盲目生产产品，而是先进行详细的市场调查，了解消费者的需求，再研发推出符合消费者期望的产品。

企业在构建特定场景以实现营销目的时，还需要深入挖掘消费者的需求，了解"为什么消费者会在这个时间这个地点这种场合"产生这样的需求。只有了解消费者产生需求的原因，企业才能设计出符合消费者需求的产品。

移动互联技术的发展为企业获取消费者信息提供了便利的渠道。企业不需要研究个别消费者的消费习惯和消费行为，可以通过大数据、社交媒体、定位系统等技术研究整个消费群体的消费行为，从而制定相应的策略，实现场景营销。

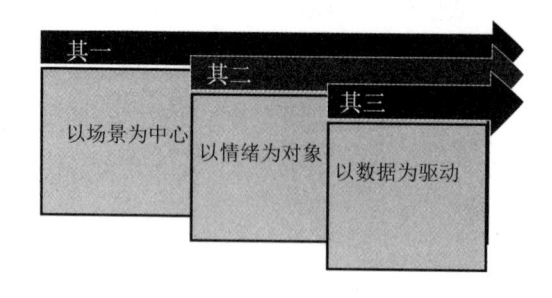

图3-1 场景构建的三个关键点

（2）以情绪为对象

场景营销是营销者构建特定场景，以引起消费者情感共鸣的营销方式。如果营销者为消费者提供众多场景，那么消费者往往不会有耐心浏览所有产品信息，更不用说体验场景带来的情感上的共鸣。

著名社会心理学家乔纳森·海特研究发现，人们首先依靠直觉对一个事物作出评价，然后再理性推理。因此，在人们的消费行为中，直觉能驱动他们做出购买的决定。

受情感或者情绪的影响，消费者往往会冲动消费：由羡慕产生购买欲望，继而下单支付，最后完成交易。企业只有明确情绪在消费者购物过程中扮演的重要角色，才能回答"品牌建设到底是在建设什么"的问题。品牌建设就是通过各种营销策略，最终引起消费者情感上的共鸣，做出购买的决定。

或许随着时代发展，会有层出不穷的产品出现，但是企业一旦形成自己的品牌效应，便会降低新兴企业对自身品牌的冲击力，消费者在选择同类产品时，首先想到的是有着良好口碑的品牌。消费者从情绪上对企业产品的认同，增加了企业与消费者交流互动的几率。

也许有的企业会存在这样的疑惑："为什么我的产品比它的好，营销手段也比它的华丽漂亮，消费者都觉得我的好但还是会买它？"

这是因为这样的企业虽然产品的质量、营销方案都非常好，但它们却不能从情感上给消费者以触动。因此，消费者更愿意选择那些能引起他们情感共鸣的产品。

（3）以数据为驱动

在移动化的场景时代，数据决定着企业营销的成败。

在传统时代或者 PC 互联网时代，由于科技发展缓慢，企业还无法获得全面的、彼此之间有联系的数据，而在数据分析环节，也常常面临着"重复已知结论"和"制造无用信息"两方面困境。

企业获取的用户数据不精准，致使分析的受众需求也与实际有差异。对于消费者来说，企业推出的产品无法满足其个性化需求，也就无法形成用户黏性和忠诚度。或许消费者这次购买了公司产品，而下一次则可能成为其他公司的客户。

企业只有将消费者看作独立的个体，针对他们反馈的不同需求来研发不同的产品，才有可能实现精准营销。企业在与消费者交流互动时，需要借助数据驱动，以此优化场景营销的整个过程。

3.1.4 场景 App：构建 App 场景的三个原则

App 的成功意味着它按照一定的模式构建起了属于自己的场景，但场景的构建都要遵循一定的原则，核心原则如图 3-2 所示。

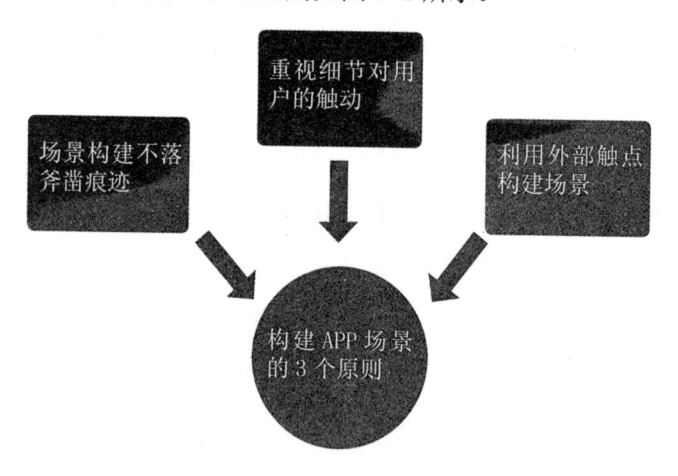

图 3-2 构建 App 场景的三个原则

（1）场景构建不落斧凿痕迹

场景构建自然，让用户察觉不到斧凿痕迹，会更容易被接收。

以 360 手机卫士为例，在用户流量不足时它会引导用户购买流量加油包，但这种引导形式是极为自然的，不容易引起用户反感。相较于某些App每天不断地给用户机械推送下载应用的通知，360手机卫士的做法更容易被用户接纳。

所以我们可以得出一个结论，场景的构建应当顺应用户的习惯，在用户觉得合适的时候触发，而不是硬性创造条件，强制推送。

（2）重视细节对用户的触动

场景的营造是否具体，也就是说细节是否营造到位，对于最终的营销效果会产生很大影响。

携程曾经与太平洋保险合作，试图在其App上销售航班意外险，但效果并不好，最主要的原因就在于整体场景的营造欠缺细节性东西。

举例来说，倘若在某个航班机票销售的同时增加一条消息提醒：该航班的晚点率为80%，那么用户购买航班意外险的几率会不会提升呢？

查尔斯·杜希格认为，触点对于习惯培养起到了几倍于其他时机的作用，那么相应触点中如果呈现出更多具体细节，无疑能够增强驱动力。

（3）利用外部触点构建场景

我们很容易就能想到，一件事情的发生除了内因之外还有外部触点的作用，App的使用亦是如此。倘若App内部有非常完善的体系和引导系统，用户却不使用，效果还是零。所以，针对App的使用环境来挖掘外部触点也是构建场景的重要因素。

在使用环境中，可利用的诱发触点其实是普遍存在的，例如短信、通知栏信息、地理位置信息等等。其中，短信是最简单、利用率最高却最容易被人遗忘的一个触点。

举例来说，银行可以通过短信构建出一个分期付款的场景，航空公司可以通过机票短信构建出预定目的地酒店的场景，支付宝可以通过付款成功短信构建出一个移动支付的场景，等等。由此可见，短信所能触发并构建的场景是多样的，不过可能恰恰是因为它的普遍和高频，它构建场景的能力却偏偏被忽

场景营销：
大连接时代的"营销颠覆者"

视了。

在很多人还挤在移动互联网的入口为了一点点缝隙你争我抢的时候，很多有远见有实力的超级 App 以及移动设备厂商已经在信息领域做出了新的动作。

例如联通公司推出了情景短信功能，携手初创型公司小源科技，致力于通过信息构建出层次更加丰富的场景。2015 年，智能设备经历过一个爆发高峰期后，发展脚步逐渐趋于平缓稳健，不少厂商更加关注提升用户的体验，来为自己未来 O2O 闭环的发展打下基础。

IT 是一个风起云涌、瞬息万变的市场，唯有拥有敏锐的洞察力和果断的决策能力才能有效地规避风险，在风口浪尖掌稳船舵，否则一朝舟覆，悔之晚矣。

人们应当意识到，PV 流量时代已经逐渐被发展的移动互联抛弃，未来很长一段时间内将是场景时代的天下，如果"大鳄"们依然坚守曾经的流量模式，固执地不肯接受场景模式的改变，那么必然会被这时代大潮淹没。

3.2 场景挖掘：在场景中寻找痛点，满足消费者的场景需求

3.2.1 "微信红包"的背后：场景挖掘与延伸

2015年借助春晚盛宴，微信红包采用线上抢的方式成功开启与观众的实时互动。

红包是颇具象征意义的东西：佳节派发红包象征吉祥、喜庆，但若是放在平常日子，红包则平添了几分敏感。微信红包选择新春佳节这样的特定场景，不仅发挥了红包作为金钱交易的基础作用，也为节日增添了热闹的气氛。

当然微信红包在朋友圈的兴起实质上更促进了人与人之间的交流，借助春节联欢晚会这个平台，微信红包成为全民参与的互动游戏。微信的社交性使其实质作用超过了红包本身的金钱意义。

我们不得不承认是与春晚的强势联盟造就了微信红包的火爆。仅在2015年的除夕夜，红包收发就取得骄人成绩：腾讯旗下的微信和QQ两大平台用户的红包收发量达到16亿次，其中微信10.1亿次，QQ6.37亿次；而不具备强大用户关系网的支付宝红包的收发量虽然不及前两者，但也取得了2.4亿次的好成绩。

无论是微信红包的火爆还是支付宝红包的可喜成绩都与"春节"这个传统节日场景分不开。春晚有几亿甚至十几亿的观众，因而与春晚结盟的微信红包必然能够获得极高的参与度。

由这个例子我们可以得出结论，节日已经成为场景挖掘的重要入口。人们喜欢在节假日与朋友一起去消费，而互联网和移动互联网的兴起又打破了地域限制，使素不相识的人也可以在同一时间交流沟通同一个话题，做出趋同反应，因而成为场景中的潜在消费者。

无论是从朋友圈的互动，还是从红包的收发量来看，微信红包的成功都是毋庸置疑的。但是大多数用户没能将收发的红包用在微信的其他支付项目上，而是习惯于将零钱闲置或提现，在这个意义上微信红包算不上成功。究其原因，可能是因为微信在场景的挖掘和延伸上做得不够。

3.2.2 定位挖掘：注重场景与产品的连接性

微信所涉及的支付项目还是比较全面的（图3-3），包括打车、充话费、机票、火车票、看电影等各类常见的支付项目，但是我们并不经常使用微信来完成这些支付。

一方面，大多数人只将微信看作是一款社交软件，而在打车、购票等付费领域有自己的常用软件或其他渠道。比如想要看电影，我们会选择专门的电影类App，这些专门软件搭建了专业场景来帮助我们购票、选座，为我们提供了高效快捷的操作体验，所以我们在有看电影的需求时更倾向于选择专业类App。

另一方面则是因为微信并没有突出其支付功能板块。虽然微信的确为用户搭建了不少场景，但是由于场景与产品本身没有太强的关联性，用户更愿意选择专业化的App，所以很少使用微信支付来完成付费行为。

微信红包的火爆更多地密切了人与人之间的联系，但是场景搭建的不完善使微信很难打入支付领域。可见，场景与产品的关联性应成为包括微信在内的移动互联网产品进行场景搭建时所要关注的重点内容,以便帮助用户形成与产品相对应的习惯,从而更好地实现产品价值。

图 3-3 微信关联的部分支付项目

3.2.3 时机挖掘:利用现有场景实现产品价值

消费者的需求有些是暂时的,而这正是企业必须要抓住的时机,然后根据消费者的需求利用现有场景来实现产品价值。

比如住宿是我们到达一个陌生城市最亟须解决的问题，如果在住宿需求产生时企业为我们提供可以选择的住宿信息，就能在较短时间内帮助我们解决问题。当然信息价值最大化是在需求产生的时候，这就要求企业或产品研发者把握时机，为用户提供快速有效的服务。

我们以宿务航空的"雨代码"（Rain code）为例。阴雨天给人的感觉是忧郁、沉闷，而香港作为多雨城市的代表更是这样。宿务航空为拂去乘客因雨天而烦闷的情绪，吸引人们前去宿务旅游，在香港路面喷上了神奇的 Rain coad。这种雨代码是用特殊的防水喷漆制作而成，神奇之处就是它可以在阳光下隐形，却在雨天出现。

图 3-4 宿务航空的"雨代码"（Rain code）

在雨天人们可以看到一句温暖的话："It's sunny in the Philippines."这让他们感到十分新奇，纷纷拿出手机扫描二维码，宿务航空的机票预订页随即映入眼帘，"雨代码"带来的潜在消费即开始。

宿务航空借助现有场景在为乘客带来新奇的同时也实现了产品的潜在价值。实践证明，移动互联网产品找准时机，在对的场景做对的事可以达到事半功倍的效果。

3.2.4 需求挖掘：营销即生活，生活即场景

我们的生活是由一个个场景组成的，这其中商机无限，企业要想在市场竞争中取胜，最关键的是要挖掘场景中的用户需求。

阿里巴巴的成功正是由于深入挖掘消费者需求，并为其打造了一种全新的购物方式，改变了消费者原有的生活方式。而同作为互联网巨头的百度、腾讯是否也能够取得这样骄人的成绩？答案是肯定的。作为百度旗下的重点项目，百度地图可以借助自己的优势构建覆盖全国的位置场景；腾讯则能够以自己强大的用户群体和关系网营造出覆盖到每个人的社交场景，而在这种全方位覆盖的场景下，腾讯必然能够挖掘到更多的用户需求。

微信是腾讯在2011年推出的即时通讯软件，微信的出现更好地实现了与现实同步的线上交流。微信成为现代人离不开的社交软件，通过微信了解朋友的动态、借助微信与父母沟通已经成为现代人的生活常态，腾讯以其原有的用户群体建立了覆盖更为广泛的关系网。

微信更多地渗透到人们的日常生活中，所以与其以支付场景抢占市场，不如从产品本身和用户需求入手，为其打造全新的生活服务场景。阿里巴巴借由购物场景营造出符合自身特点的生态系统这一做法值得微信借鉴，微信也可以挖掘用户的生活需求打造独特的生活类生态系统。对于一个想要长久发展的企业来说，符合自身特点的稳固的商业生态系统是必不可少的。

搭建生活服务场景是微信走向成功的必由之路，而微信始终推崇的平台则是它发展的最大优势。

举个简单的例子，医院可以将微信公众号作为服务入口，用户关注该公众号之后可以线上预约、线上挂号、领取检验报告，不得不说这种看病方式的确给患者带来了极大便利；再比如，有些城市为方便市民生活所开通的"城市服

务"功能，就从用户的日常生活入手为其提供实时高速路况、空气质量等讯息，甚至身份证业务及出入境业务也可以通过微信来办理，着实方便了普通民众。

事实上，当这些曾经必须在线下才能完成的业务被转移到线上时，既改变了人们的生活方式，也使得微信在不知不觉中建立了属于自己的生活服务类生态系统，而这才是微信打入支付领域的正确途径。

对于企业来说用户需求是其在移动互联网领域占据优势的利刃，即使没有BAT的优质资源和强大关系网，只要把握住用户需求，实现场景与需求的对接，企业就必然能够为用户提供符合需求的产品，并使用户心甘情愿买单。

3.3 场景创造：让消费者在场景中产生强烈的参与感

3.3.1 从缺席到在场：与消费者建立场景互动

所谓场景营销就是为消费者创造情景，使消费者对原本模糊、隐蔽的产品营销有准确认知，真正回归到产品中。简单来说，就是场景营销可帮助消费者由缺席状态转换成在场的直接感知。

我们通常认为互联网和移动互联网的参与主体都是以虚拟符号形式出现的，营销中商家与消费者的交流也是一种符号化的互动。也就是说，在网络化营销当中，消费者是缺席的，并没有真正参与进来。然而在我看来，这种理解并没有从消费者为中心的场景出发，忽视了消费者的主体作用。

互联网时代的到来必然将我们的生存空间分割成现实和虚拟两个维度，而消费者无疑是共存于这两个维度的，在现实生存空间与虚拟生存空间的相互转换中又形成了相应的生活场景，即现实场景和虚拟场景。

不论是发红包、抢红包，还是看春晚都是搭建了一种场景，而消费者的积极参与则使其处于在场状态。所谓的"在场"就是"即时发生"的事、"亲眼所见"的人或物，由于可以直观地看到、听到，便使人产生身临其境的感觉。哲学中对"在场"的定义有些抽象，通俗点讲就是指已经出现在人们眼前的事物，我们可以对其进行理性的分析解构。

场景营销将消费者带入某种情景，使其产生亲临其境的感觉，由此消费者的主体地位进一步提升，曾经在营销中以被动接受为主的状态向主动感知转变，消费者现身于营销场景中，参与感得到极大提升（图3-5）。

听觉在场：营造身临其境的场景体验
视觉在场：营销真实的现实场景环境
身体在场：实现与消费者的亲密接触
观念在场：以消费者为主体的观念互动

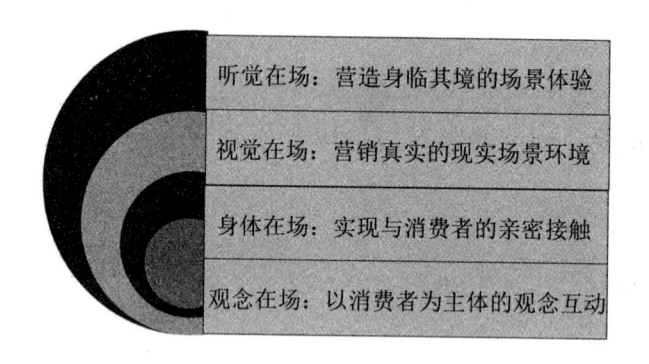

图3-5 场景营销所建立的场景互动内容

3.3.2 听觉在场：营造身临其境的场景体验

我们通常将春晚看作一场视听盛宴，观众可以通过电视或网络感受现场的氛围，但是事实上观众的听觉在场只是一种借助媒介转播获得的"远程在场"。

"远程在场"只能让观众听得到，而无法让观众真正地参与其中，春晚中的广告营销也只能算得上"露个脸"而已。然而2015年春晚却用抢红包活动为广大观众搭建了共同的场景，使观众借助这样的方式参与到处于相同时空维度和听觉维度的消费当中，不得不承认听觉在场是提升消费者主体地位，实现商家营销目的的重要方式。

无论是商家提供的产品还是服务实质上都是围绕消费者的需求设计的，所以消费者是否参与其中就变得非常重要，也就是说消费者的在场对商家的营销是至关重要的。

在传统观念里，听觉只为我们汇聚声音，画面感相对较弱，听觉在场也就很难成为主要的营销方式。但是数字技术的发展实化了听觉在场景营销中的作用，听觉在场使消费者能更真切地体验到身临其境的感觉。

假如在你饥肠辘辘的时候，场景内的商家通过语音实时向你推送你喜爱的食物，是不是就会有大快朵颐的冲动呢？

3.3.3　视觉在场：营销真实的现实场景环境

不论是通过电视看春晚，还是通过网络看演唱会，我们的视觉都处于在场状态，但这仍然是一种隔着媒介的"远程在线"，观众只是一个欣赏者，而非真正的参与者，不过视觉在场对于场景营销来说是相当重要的。

视觉在场要求消费者真正看到某件事物，但是过去的营销只是以预设场景吸引观众，而这种预设场景是不具备时效性的，也正是由于预设场景与现实场景的差异使商家无法得到预期的营销效果。

在技术如此发达的今天，实体店依然能在互联网商业世界中占据一席之地，最重要的原因就在于线上场景的最终实现与之前的预期仍存在着或多或少的差距，这就意味着商家必须要将视觉在场做到极致。

试想当你购买一个手袋的时候，要考虑的除了价格、性能、买家评价这些基本要素，还有什么？你还会考虑自己提这个手袋会有什么样的手感、要搭配什么风格的衣服、这个手袋适合什么样的场景等等问题。这就需要商家从消费者的现实场景出发，为消费者提供舒适的营销场景。

3.3.4 身体在场：实现与消费者的亲密接触

我们这里所说的身体在场，并不是指生理上的肉身在场，毕竟数字营销中使消费者的"肉身在场"是不现实的。

身体的社会性也属于身体概念的范畴，福柯、戈夫曼等人在定义身体概念时除了生理性更加注重其社会意义。在这一概念的统筹下，福柯针对身体被话语所规训的过程展开研究，戈夫曼则研究社会规范与身体之间的关系以及双方的互动。

从这几人的研究来看，身体的意义已经远远超出了概念中的定义，而向社会中的行动系统和实践模式方向发展。以此理论为基础，我们不难发现，营销中身体在场理念的可行性大大提升。

在2015年的春晚上，主持人借助微信红包、支付宝等手段完成与电视机前观众的互动，实现了观众的"身体在场"。

场景营销的成功是需要商家为消费者提供"身体在场"的场景的，比如餐厅根据消费者的就餐数据分析出其就餐习惯，然后将真实就餐场景一并推送给消费者，如此一来，相信消费者会很乐意到这家餐厅就餐。

3.3.5 观念在场：以消费者为主体的观念互动

无论是听觉在场、视觉在场，还是身体在场，都是向消费者传递观念的途径，所以我们将观念在场看作消费者在场的最高形式。

传统营销是妄图以"填鸭式"将产品观念直接灌输给消费者，并不管消费者是否愿意，这种方式必然会导致消费者的逆反心理，进而无法实现消费者的观念在场。事实上观念在场考验的就是消费者与商家是否进行双向交流，商家是否根据与消费者的互动进行场景营销。双向性的观念在场是场景营销的核心，即商家以消费者为主体进行观念互动，并最终以消费者的意愿进行信息推送。

场景营销已经成为涉及线下和线上领域的立体化营销模式，以数字技术为支撑，使得现场与在场的融合度大幅提升。场景营销最大的特点就在于令消费者的角色回归本体，以视觉在场、听觉在场、身体在场直到观念在场为核心，最大限度地激发消费者的参与。

在未来市场的发展中场景营销将在开发产品、找寻用户、提升体验、优化设计等方面大展拳脚。若想要真正取得成功，场景营销必须继续捕捉并深度挖掘场景，在"让消费者在场"这一方面狠下工夫。

3.4 场景营销的三个维度：如何吸引消费者购买？

3.4.1 时间维度：碎片化时代的"聚"营销

对于一个营销行业的从业者来说，只要能够全面了解和掌握消费者的需求，就可以做到在传统营销中不可想象的事，比如可以在消费者最有消费需求的时候推送产品信息，实现商品的精准推送，从而提高商品的交易率。这是场景营销最理想的状态，而这一理想状态的实现离不开技术的发展和提升。

移动设备、数据、社交媒体、传感器以及位置服务是构成场景营销的五大元素（图3-6）。

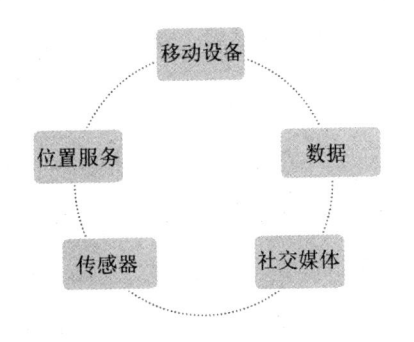

图3-6 构成场景营销的五大元素

智能手机、平板电脑以及智能可穿戴设备都可以视为移动设备；用户在使用移动设备的过程中会产生大量数据，而数据通过一些渠道或者方式去接触核心的用户就属于社交媒体；要想通过移动设备获取更全面的数据，就需要更多传感器的支撑；而位置服务可以为用户提供更精准的位置定位，随着移动设备以及传感器的加入，位置服务已经上升到了一个新的高度。

在场景营销中必然离不开营销的对象——消费者，那么在技术条件已经具备的前提下，怎样才能搞定消费者呢？首先我们来探讨一下场景营销的第一个维度——时间维度（图3-7）。

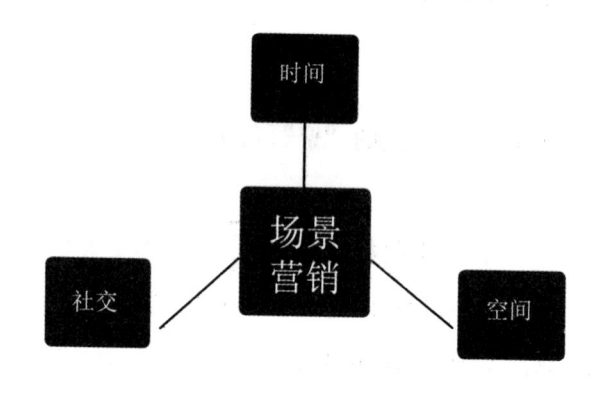

图3-7 场景营销的3个维度

移动场景时代的到来，为人们带来了一种全新的生活和消费方式。随着各种移动设备的流行和广泛应用，人们的时间逐渐呈现碎片化趋势，消费者可以使用手机随时随地购物、消费、娱乐等，那么应该怎样在这些碎片化时间里正确地切入营销呢？

在这一方面做得比较好的是地图导航应用Waze，Waze不仅可以为用户导航，同时还可以引导用户的消费行为。

当用户早上开车上班的时候，Waze可以为用户找出一条最优路线，有效避免拥堵；在遇到红绿灯等待时，Waze会为用户弹出可以从附近星巴克买一杯咖啡的提示信息；当用户在周末去沃尔玛购物的时候，Waze还会提供银行ATM机的位置，为用户提供更多便利。Waze能够准确把握各个时间点，为用户创造了更贴心的消费场景，提升了消费者的使用体验。

随着智能手机的普及，越来越多的年轻人倾向于通过手机了解各种资讯，不管是公交车上还是地铁上随处可见"低头族"，但是这些场所信号通常不好，许多"低头族"面对离线页面也很无奈。

而新加坡图书出版商 Math Paper Press 就抓住这一场景进行有效利用，将图书中的段落植入到离线页面中，当用户遭遇断网的时候就可以看到图书的一些段落以及书店的地址，不仅可以让用户在无聊等待的时间看一些有趣的内容，同时也为书店招揽了更多生意，真正做到了见缝插针，合理利用了碎片化的时间。

3.4.2 空间维度：移动连接场景，打破空间限制

从字面上理解，移动营销就是让营销可以移动起来，而地理位置在其中发挥了重要作用。在移动互联网时代，用户的位置已经成为一种公开讯息，只要用户使用电子导航或者电子地图，商家就可以轻松获取用户的位置。手机更是相当于一个"GPS"，只要携带就可以轻松地被别人找到。

星巴克可以说是移动营销的重要开创者和实践者，走在路上的时候若你突然萌生了想喝咖啡的念头，就可以打开 Mobile Pour App，允许星巴克获取你的地理位置，然后点上一杯你想要的咖啡，并继续向前走，过一会儿你就可以拿到咖啡了。

星巴克的这一举措受到众多消费者的欢迎，消费者不用再满大街寻找星巴克门店，只要定位自己的位置，他们就可以轻松找到你，为你提供贴心的服务，从这一方面来讲，暴露自己的位置信息也不是一件坏事。

再比如前文我们提到的宿务航空推出"雨代码"的营销方式，不仅没有给消费者的日常生活造成困扰，反而在下雨天为他们寻找到了一种更好的出路。

而且通过这一营销活动,香港宿务航空的订单量增长了37%。宿务航空虽然没有利用定位技术,但是抓住了"天时",创造了"地利",充分发挥马路、大街的营销潜能,创造出了更大的价值。

3.4.3 关系维度:以社交关系切入互动场景

社交关系也是场景营销中重要的组成部分,当消费者在完成购物并且体验了产品之后还会对商品以及服务进行分享和评价,而用户的评价将对其他消费者的购买决策形成影响。正面的评价将促进商品销售,而负面的评价则会阻碍商品销售。

移动互联网的发展将购物变成了一个个碎片化场景,简单、快速已经成为移动互联网时代消费者购物的标签。产品的口碑以及朋友的推荐将直接影响消费者的购买决策。

特斯拉在中国市场上正式开放预约的同时,还推出了一款场景应用,用户通过扫描二维码或朋友圈转发的方式就可以打开应用,并了解特斯拉的产品性能和更详细的信息,对产品感兴趣的用户还可以直接在线预约。

著名的内衣品牌"维多利亚的秘密"也曾经在七夕之前上线了一款轻型应用,并在朋友圈广泛流传,用户通过"擦屏幕看性感模特"活动,可以浏览品牌介绍以及各种款式的内衣,并了解产品的报价,这一神秘又带有一丝性感的应用活动,吸引了众多用户参与。

与独立的移动客户端相比,依靠朋友圈关系传播"场景"的方式不仅速度更快,而且可信度更高,在刺激消费方面可以发挥更大的效果。

3.4.4 移动场景的构建法则：在特定时间、地点提供需求服务

随着移动互联时代的来临，场景营销得到越来越多企业的重视。无论什么行业，都强调营销的场景性，即在特定时间、地点，为消费者构建特定的生活场景，以引起他们情感上的共鸣。

目前，越来越多的企业开始对消费者决定购买的时机进行研究。

2005年，宝洁公司专门对消费者的购买时机进行研究，结果发现，消费者在看到商品的3~7秒内存在购买冲动。由此，宝洁公司高薪聘请了FMOT（第一次购买的真实冲动）主管，并建立了一个由15人组成的团队，负责激发消费者的购物冲动。

无论什么时代，抓住消费者的潜在需求都是企业最为关注的问题，而促销时机则影响着实体店的销售量。如果实体店的促销时机不对，就会影响产品的销量，从而影响实体店的发展。从根本上说，没有把握住促销时机，就意味着没有抓住消费者的潜在需求和购买冲动。

随着移动互联网的发展，消费者有了更多获取信息的渠道，同时也拥有分享交流购物体验的平台。与此同时，在移动互联时代，消费者的生活方式和购物习惯也发生了变化，他们开始在移动端观看视频，在线浏览商品并下单支付，整个交易活动都基于移动互联网完成。消费者的这种在线购物的行为，也有可能激发其他消费者的购买欲望。

移动互联技术的发展，缩小了企业与消费者之间的距离，改变了消费者的生活习惯，手机成为用户随身携带、不可缺少的物品，而企业可以通过移动智能终端与用户达成协议，获取用户的消费记录及其他基本信息，从而不断改善对消费者的服务，使消费者获得满意的购物体验。

移动互联网的发展使企业可以基于特定时间、地点为消费者提供服务。由

场景营销：
大连接时代的"营销颠覆者"

于消费者随身携带手机，而手机中又带有定位功能，这样企业就能够准确获取用户的时间和空间信息，从而挖掘消费者的潜在需求，为消费者发送特定的商品信息，实现精准营销。

同时，用户可以根据智能手机的提示行动。智能手机可在线分析用户目前所处的地理位置，然后向用户发送信息，如附近某个商店正在推出促销活动，消费者可以去购物。

百事公司开发了一款可以安装在 iPhone 手机上的应用程序，只要用户在手机上安装这款程序，就可以随时查看离自己最近的销售百事产品的店铺。通过这款程序，百事公司成功拉近了与消费者的距离，通过与消费者的互动沟通，形成了用户黏性，提高了忠诚度。

移动互联网的发展为企业与消费者提供了互动平台，消费者可以将自己的疑问与需求反馈给企业，并得到及时的解答。对于企业而言，通过智能手机，可以缩短与消费者的距离，与其进行良好的互动，从而优化消费者的体验。在移动互联时代，企业需要适应市场的变化，及时转变经营思路，顺应时代的发展，力求做到线上线下相互配合，共同为消费者提供良好的购物体验。

传统的营销方式通常是消费者到实体店中，才可能了解到产品的信息，而移动互联网的发展则弥补了这种缺陷，使企业可以在线宣传，消费者可以随时随地了解产品的最新情况，从而为双方提供了便利。

虽然移动互联网的发展为企业营销提供了诸多便利，但同时企业也面临着诸多挑战，例如如何精准把握时机，如何准确定位消费群体，如何适应瞬息万变的市场环境，如何在激烈的市场竞争中生存下来等。

★时机很难精准掌握

虽然移动互联技术、大数据等的发展，使企业可以随时随地获取消费者的信息，挖掘消费者的潜在需求，但企业依旧无法长远预测市场的变化，只能在短时间内做好应对措施。如何精准把握促销时机，迎合消费者的需求还需要技术的不断发展。目前，商家只能根据自己的经营经验判断、满足个别消费者的需求。

★面对不同的人，需要把握不同时机

随着时代的发展，消费者的个性特征更加明显，因此，企业在营销过程中也必须重视消费者的个性，满足不同消费者的需求，而这又为企业经营增加了难度。

★需求与时机瞬息万变

在移动互联网时代，市场环境瞬息万变，消费者的消费冲动也稍纵即逝，如何才能把握促销时机是当下困扰企业的一个难题。如果错失促销时机，那么不仅会影响产品的销量，同时还会造成客户流失，影响企业的长远发展。

★人人都看到的时机，竞争肯定异常激烈

如果商机显而易见，那么必将造成激烈的竞争。例如，每年春节联欢晚会的前半个小时、奥运会比赛直播前的时间以及热播电视剧前的时间等都是广告的黄金时段，必将引起商家的争夺。虽然商机千载难逢，但企业也需考虑为抓住这些商机所付出的代价是否值得。

3.5 社交场景：基于社交平台下的场景营销法则

3.5.1 可口可乐：个性化定制下的多平台联动

互联网数据中心的一项研究显示：全球范围内的社交平台用户数量2014年已经达到18.6亿。社交媒体信息的实时交互性给人类的生活带来了深刻变革，一种具有社交属性的场景营销开始成为企业营销的"宠儿"，与传统营销方式相比，它迎合了消费者的心理需求，让消费者在参与、互动、分享的过程中主动达到企业想要的营销效果，营销内容更为人性化和个性化。

社交媒体平台的差异性决定于用户群体的不同特征，企业在不同的营销平台上进行营销产生的效果也存在较大的差异。企业需要根据社交平台用户的不同特点，制定个性化的营销策略，从而实现多平台精准营销。

2013年10月28日，凭借"可口可乐昵称瓶"，可口可乐斩获中国艾菲奖的最高奖项"全场大奖"，昵称瓶的营销手段到底具有怎样的魅力？企业的营销管理人员又能获得怎样的启示？

其最大的秘密就是瓶身上迎合消费者心理需求的昵称包装，比如喵星人、小萝莉、天然呆、技术男等十分时尚的热点词汇，这些词语都是可口可乐的市场营销部门经过海量数据统计之后才得出的结果。富有情感体验的包装更容易获得消费者的认可，许多可口可乐的消费者会根据"昵称"来购买，口味的差异性在情感需求得到满足后已经变得不那么重要。

场景营销：
大连接时代的"营销颠覆者"

这些词语的兴起正是来自于众多的社交媒体平台，可口可乐根据平台的不同特点制订了相应的营销策略。

①微博：打响"昵称瓶营销"的第一战

微博的强大社交关系的特点非常有利于信息的快速传播，可口可乐将其作为打响"昵称瓶营销"的第一战，在新浪微博上转载了 22 张悬念海报，一天后可口可乐"官博君"揭晓悬念，确认可口可乐实施换装，而且在微钱包上发起"昵称瓶"限量预销售，1 分钟之内 300 瓶可乐全部售完。

图 3-8 可口可乐昵称瓶

②啪啪：推出多种在线活动

可口可乐与图片语音社交应用"啪啪"进行合作，通过文本、图片、语音的结合完美上演了一场"昵称瓶之恋"的活动，取得了良好的营销效果。针对这种情感交互极强的社交平台，可口可乐还推出"那些年，我们的同学会"在线活动，情感共鸣所产生的庞大用户流量实现了可口可乐的品牌传播。

③1 号店：使品牌文化渗透至更为广阔的潜在市场

可口可乐还与 1 号店合作，消费者购买一定数量的产品后，即可为亲朋好友进行"昵称瓶"的定制，让他们的名字也成为瓶身包装，这一举措不仅使产品销量获得提升还使品牌文化渗透至更为广阔的潜在市场。

2014年5月份，可口可乐在校园推出了一款更具创意的产品，这款产品只有两个人合作才能打开。一个消费者找到购买相同瓶子的人后，两个人将瓶盖对准，同时向相反方向转动即可打开。这个创意能加强同学之间的人际交往，促进同学之间的交流合作。

通过这次活动，可口可乐不仅宣传了产品，还提醒了人们对日益疏远的人际关系的重视，传递了社会正能量，广大的消费者怎能不为其"点赞"？

新颖的设计理念、极富创意的营销手段，再加上与多个平台之间的联动合作，可口可乐的营销成功是必然的结果，其分享、合作、互动精神也为烈日炎炎的夏季带来一缕清风。通过针对不同平台的特点制订出的不同的营销战略，可口可乐打出了一记漂亮的"营销组合拳"，为企业创造了巨大的价值。

3.5.2 特斯拉：强连接力品牌下的新生态

特立独行的科技公司特斯拉汽车公司在宣布进军中国市场时，连"名片"都是独一无二的，特斯拉的官方微信发布了一条消息："嗨，给你一张特斯拉的名片"，点开消息后，能看到一个由图片、音频、视频组成的数字名片，精美的制作、强烈的视觉冲击给人留下了深刻的印象。

这种消息本质上是一种具备社交属性的信息流，微博、微信等社交媒体平台都可以作为其传播渠道。不同于一些企业毫无创意的微信营销广告，特斯拉超越了建站功能的基本属性，向移动互联网时代的我们展示了轻App在商业中的巨大能量。特斯拉巧妙地将轻应用App与社交媒体相结合，运用社交营销的手段，发掘出潜在的巨大商业价值。

在未来，企业营销的主流发展趋势是强化自己与消费者之间的连接渠道，使企业与消费者实现无缝对接，通过与用户的交流互动运营粉丝社群。企业将

场景营销：
大连接时代的"营销颠覆者"

通过社交媒体平台发挥出的巨大传播能量，让自己的营销信息流快速流转到社群之中，跨越企业边界，形成"以企业为中心，辐射多个社群"的新生态。

特斯拉的这次营销投入几乎为零成本，但却产生了极佳的品牌传播效果，成为"强连接力品牌"的巅峰之作，被业内多家企业奉为经典。这种轻应用App能够以移动终端为媒介连接潜在消费者，使消费者在社交媒体平台上进行产品体验，提升了企业的服务效率以及用户体验。

将近一个月的时间，这条由轻App组成的微信消息获得了上百万次点击，拥有独立IP地址的用户有50万之多，其中1200多人用手机号提交了产品的预约申请，上百家国内媒体主动转发，曝光量超过500万人次。社交媒体平台的强大传播能力使信息流传播至那些乐于尝试新鲜事物的人群，从而提升了产品销量。

特斯拉的轻应用App营销颠覆了企业的传统营销思维，移动互联网时代营销的主战场从PC端逐渐向移动终端转移，连接渠道成为企业与消费者之间进行交互的核心要素，移动互联网时代企业对连接节点的塑造成为企业营销成败的决定性因素。

这种轻应用App营销在未来将会展示出巨大的影响力，从而被各大企业广泛采用，作为消费者来说也将面临一个信息交互的全新渠道。

3.5.3 社交场景营销的内核：场景+关系+内容+互动

以智能手机为代表的移动终端在移动互联时代成为人们完成线上与线下角色转换的重要媒介，更是UGC（用户创造内容）的起点以及传播渠道，还是消费者为进行消费决策而获取产品信息的重要手段。社交媒体平台对信息流的传播及分享能力使其一跃成为企业营销的"黄金地段"，这种具有社交属性的

第 3 章
场景商业时代，企业如何构建场景营销模式？

移动 App 应用，在商家与消费者之间架起了信息交互的数字桥梁。

根据相关调查，2014 年我国的移动互联网市场规模已经突破了 2100 亿元，同比上涨 115.5%，而在 2015 年，全球的移动互联网市场规模将达到 25392 亿元，国内移动互联网市场在"互联网+"战略的助力下预计将达到 4000 亿元。但是，目前国内大部分企业对于移动广告营销的认识还不够全面，对于移动营销创新能力的培养还不够重视。

移动营销在跨屏融合引发的营销革命的影响下将会迎来一个新的爆发点，移动营销的实时互动性以及作为"营销—交易—评论"闭环生态形成的关键点，俨然已经成为新时期营销的必然选择。

移动设备被各大媒体策略代理商作为营销的中心节点（电视、PC、户外屏幕等被视为移动终端的延伸），通过以移动终端为中心的多屏融合实现营销推广。

戴尔与人人网合作，推出一支名为"Annie 如何飞行"的同步电视广告，几十万人人网用户参与了移动终端与 PC 端的广告互动，仅一周的时间戴尔灵越 14R 的销量就上涨 30% 以上。宝马汽车通过在社交媒体平台上推出的试驾体验活动，成功使 4000 多名社交平台用户走进宝马线下 4S 店。

对于广告主来说，不同移动设备的营销效果存在一定的差异性。就拿智能手机与平板电脑相比，平板电脑上的实际购买率以及曝光率远高于智能手机，而智能手机的品牌传播能力则是平板电脑不能相比的。广告主根据营销需求综合多个移动设备上的优点进行产品推广才是取得良好营销效果的关键。

社交媒体平台上的营销是"关系"与营销的组合，"关系"的形成需要双方在一定的时间内进行交流互动；营销内容需要符合消费者的心理，让其产生情感共鸣；要找到消费者内心深处的兴奋点以及痛点，进行营销内容的个性化以及定制化生产；多平台联动、跨屏融合、闭环生态的实现需要借助企业的技术手段。

场景营销：
大连接时代的"营销颠覆者"

　　移动互联网时代的新型用户体验场景，要求营销的内容能够以小巧精致、富有情感体验的场景应用完美表达，让用户自发地在社交媒体平台上进行传播。企业将极具创意的个性内容作为与用户之间的连接节点，使信息流向有潜在需求的消费者，从而完成企业与广大消费者之间的精准对接，提升营销转化率（图3-9）。

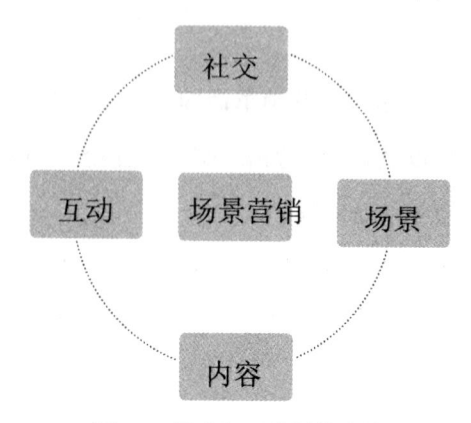

图 3-9　社交场景营销的内核

3.6 谷粒多：借助《奇葩说》构建"花式扛饿舞台"营销场景

3.6.1 打造专属场景，建立与消费者的情感连接

《奇葩说》是 2014 年爱奇艺打造的首档说话达人秀，新颖的节目风格吸引了众多 80 后 90 后网友的关注。2015 年 8 月 14 日《奇葩说》走出录影棚，在伊利谷粒多的赞助下为观众们打造了"奇葩说观影趴"这一线下场景，现场观众在亲身感受"奇葩三贱客"主持魅力的同时品尝了美味的谷粒多燕麦牛奶。

谷粒多借助为《奇葩说》打造的线下场景率先开启营销新模式：另外，随着赞助《奇葩说》带来的品牌效应，谷粒多在苏宁打造的"818 全民发烧节"中成功推出谷粒多燕麦牛奶的《奇葩说》限量包装。与网络综艺节目《奇葩说》和电商巨头苏宁的合作使谷粒多成功整合三方资源为消费者呈现了名为"花式扛饿舞台"的营销场景。

谷粒多打造的场景给了消费者一个近距离感受燕麦牛奶"扛饿"属性的机会，也帮助谷粒多完成了线上销售的所有环节。

作为《奇葩说》的赞助商，谷粒多借助节目的品牌效应将"奇葩说观影趴"这样一个颇受关注的活动以线下场景的形式呈现出来，使观众可以身临其境，切身体会节目和产品的魅力。而打造专属场景的这个想法主要源于"场景革命"这个当前极为火爆的概念。

为消费者提供一个真实可感的"场景"是提升普通产品品牌价值的重要渠

道，消费者在场景中所感受到的"细节真实"更容易激起其对品牌价值的认同感，从而建立消费者与产品之间的情感桥梁。《奇葩说》在网络上的热播使更多观众知道谷粒多燕麦牛奶，而"奇葩说观影趴"打造的线下场景则使观众可以近距离接触和了解谷粒多，为消费者带来真实的亲身体验，这种专属于谷粒多燕麦牛奶的场景正是借助场景实现了消费者与品牌的直接联系（图3-10）。

图3-10 "奇葩说观影趴"海报

在《奇葩说》中主持人马东不止一次拿伊利谷粒多开玩笑，比如将谷粒多燕麦牛奶称为"国际扛饿大品牌"，以"喝一瓶，扛一天；喝一箱，扛一辈子"这样的经典金句来呈现谷粒多燕麦牛奶的"扛饿"属性。这样调侃性质的花式口播使观众更渴望去品尝谷粒多，看看它到底有多扛饿，观众们的积极反馈则使谷粒多燕麦牛奶成为流行饮品。

一个有个性特色的专属场景对于产品宣传来说是至关重要的，谷粒多为达到宣传效果，不仅赞助了《奇葩说》这档节目，更是邀请了多位《奇葩说》的明星选手站台，进行线上线下的联合互动，全面推介谷粒多的"扛饿"卖点，使消费者可以在有需要的第一时间联想到谷粒多燕麦牛奶。

3.6.2 凸显"扛饿"卖点，构建立体化营销平台

"扛饿"是伊利谷粒多燕麦牛奶自始至终大推特推的卖点，而为了使观众真正接受产品并留下深刻的印象，伊利谷粒多打造了"花式扛饿舞台"五部曲这样的营销场景。

★第一步：谷粒多鼓励观看《奇葩说》的观众利用"秒拍"对主持人马东有关"国际扛饿大品牌谷粒多燕麦牛奶"的花式口播进行模仿并上传，使谷粒多的"扛饿梗"有更多的人参与并实现规模口播。

★第二步：设置名为"颜值&有料哪个更重要"的辩题，吸引线上用户和线下消费者参与讨论。所谓"颜值"就是指谷粒多为牵手《奇葩说》所推出的新颖包装，而"有料"则暗指谷粒多燕麦牛奶中含有真正的大颗粒的澳洲燕麦，这样新颖有趣的辩题的确吸引了众多用户参与，使之成为网络和坊间的热议话题。

★第三步：牵手因《奇葩说》而走红的"奇葩三贱客"。马薇薇、范湉湉、肖骁三人借助微博对"颜值&有料哪个更重要"这一辩题进行了激烈讨论，有助于进一步激起网友对这一辩题的兴趣。

★第四步：借助苏宁电商平台和微博平台实现网友与消费者的实时互动，并就辩题立场开展谷粒多图片上传活动，以此来激发消费者的购买热情。

★第五步：搭建"奇葩说观影趴"的实时场景，为"奇葩三贱客"提供线下辩论机会。当然整场辩论的中心论点是离不开燕麦牛奶的"扛饿"属性的。

三位明星的"互撕"场景十分激烈,加上草根网友各自的站队调侃,使全场气氛达到高潮,就在这种气氛下,消费者对于谷粒多的兴趣和购买热情也达到了顶点。

谷粒多借助场景营销打了一场漂亮的推销战,不仅借用了《奇葩说》的品牌效应,还整合了各类网络资源,使消费者明确感知谷粒多的"扛饿"属性,激起了消费者的购买欲。除此之外,谷粒多与苏宁电商平台从前期预热到现场活动以及后期宣传的完美合作,也真正实现了企业与企业的联动营销。

3.6.3 借助《奇葩说》红人辩手能量,推出场景式广告

谷粒多推出的"奇葩说观影趴"活动(图3-11)为谷粒多打造了专属场景,而这个场景首先呈现给我们的是一个全新的线下互动形式,即邀请《奇葩说》的节目红人与线下观众进行实时互动以激发更多观众的参与热情。当然活动邀请到的"奇葩三贱客"也以其超高的人气和现场感染力为谷粒多的现场广告宣传做出了巨大的贡献。

图3-11 "奇葩说观影趴"活动

每一位明星辩手都有各自的粉丝,这就使得谷粒多设置的"颜值&有料哪

个更重要"这一辩题获得了众多网友的参与,无论是线上,还是线下,对这一话题的讨论都十分热烈。在现场活动结束后,谷粒多还发布活动期间的搞笑花絮来扩大产品影响的广度和深度。

谷粒多借助"奇葩说观影趴"这样的线下活动来整合各项资源,成功打造了谷粒多的专属场景,而基于"扛饿"这一卖点所推出的场景式广告也可以说是一次全新的尝试,不得不说,这次尝试是成功的。相信谷粒多这种密切联系消费者的场景式营销将会成为未来品牌营销的新模式。

第 4 章

LBS 场景营销：基于实时定位的场景营销模式

4.1 LBS 营销的商业价值：如何演绎"定位"营销？

4.1.1 终端顾客价值：为消费者创造全新的场景体验

随着移动互联时代的到来，新的产品、服务、模式、理念等不断涌现。其中，"LBS"绝对是受关注最多的几个热点之一。

LBS（Location Based Service），即基于地理位置的服务，逐渐成为移动互联时代商家竞相追逐的一种新型营销推广模式。借助愈加完善的移动无线通讯网络和 GPS 定位技术，商家可以准确获取用户的即时位置信息，并通过移动网络入口将用户导入平台，为他们提供符合需要的增值服务。

早在 2009 年 3 月，美国的 Foursquare 网站就成功上线。这家基于用户地理位置信息的手机服务网站，在不到一年半的时间里，用户就突破了 300 万，可谓发展迅猛。受 Foursquare 影响，国内很多互联网企业也开始在 LBS 领域布局。

例如，2010 年 11 月，人人网推出了"人人报到"业务；百度紧随其后，在对百度地图、百度无线整合的基础上，推出了"百度身边"LBS 服务；盛大将 LBS 作为战略发展方向之一，推出了基于真实地理位置的社区"切客网"；2011 年 4 月，新浪通过深度融合微博、娱乐和生活资讯，推出了 LBS 手机社交 App"微领地"，成为当前国内最受欢迎的应用之一。

根据易观智库数据统计，截至 2011 年底，我国的 LBS 用户规模已经超过了 3000 万个，相关的服务企业和产品也在不断增长。

（1）LBS 兴起的商业应用价值

随着移动互联网的发展以及移动智能终端的普及，LBS 必将获得更大的发展空间。不论对于终端用户，还是对于商家而言，LBS 服务都有着巨大的商业价值。

作为一种新兴的位置类服务应用，LBS 给人们的生活带来了极大的便利。特别是在移动化的碎片场景之中，LBS 应用能够随时随地连接用户与产品或服务，有效解决人们的当时当下之需，为人们创造出全新的场景体验价值。

例如下面这样一个比较常见的生活场景：一个人走在路上，突然感觉到疲劳口渴。他能做的只是在自己的视觉范围内，找到一家饮品店或咖啡馆，然后进去休息一下。然而，LBS 服务却能够带来更多的选择，甚至为人们创造出全新的价值体验。

作为 LBS 的用户，人们可以通过手机进入 LBS 的相关应用之中，搜索以自己地理位置为中心的相关商家（咖啡馆或饮品店），并享受到优惠服务。另外，LBS 用户还可以搜索附近的好友，或者与朋友分享自己的位置信息，等待他们的到来。如此，LBS 应用便为用户搭建了一种全新的场景价值体验：在一个饮品店里，与附近的朋友畅聊，并享受商家的优惠。

简单来讲，LBS 的终端客户价值主要体现在两个方面：一是为用户提供更多的场景需求解决方案（如不同的商家选择）；二是通过搭建新场景，为用户创造意料之外的价值（如与朋友相聚）。

4.1.2 企业商家价值：为消费者提供精准化的营销服务

LBS 更大的价值，还在于它为企业的营销活动提供了十分有力的支持，使营销活动能够更加适应移动互联时代的市场特征，极大地改善营销效果。

当前，不论是国外的麦当劳、耐克、星巴克等实体企业，还是国内的凡客诚品、糯米网、拉手网等线上企业，都十分注重LBS的商业价值（图4-1），利用其独特的定位功能，为消费者提供更为精准的产品营销和服务。

- 实现"精准营销"
- 提升用户忠诚度
- 激发真实的口碑传播
- 了解客户需求，改善服务质量

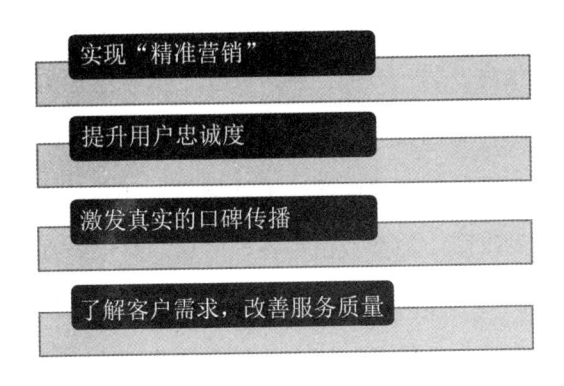

图4-1 LBS应用的四大商业价值

（1）帮助商家实现"精准营销"

对于商家而言，LBS应用的最大价值，在于可以随时定位用户的位置，实现商家、用户、场景的即时连接，帮助商家获得更多的场景信息，实现"精准营销"。

同时，通过对用户在应用中搜索轨迹的收集、分析、归纳、整合，还可以获取更多的用户信息，掌握用户的生活方式、行为习惯、兴趣偏好等，从而实现更为个性化的营销推送，获取更多的商业价值。

例如，根据对LBS某一用户的搜索信息、签到商家、图片展示、位置定位等相关数据的收集分析，能够明确该用户经常出入的区域，并了解到他在饮食方面特别偏爱烤鱼、干锅等。在该用户进入LBS平台或相关网页时，就可以向他推荐相关的信息，如某店的烤鱼评价很高，或者附近的某家干锅产品正在搞活动等等。如此，既提升了用户的应用体验，又使商家的营销活动更加精确化、个性化。

（2）实体商家与社交网络相结合，提升用户忠诚度

通过会员卡或打折卡的方式进行优惠让利活动，是实体商家吸引和黏住客户的常用手段。不过，这种模式有很大的局限性：一方面，会员卡或打折卡的发送一般有时间上的限制，无法最大范围地涵盖更多消费者，也不能有效地收集整合顾客的消费信息；另一方面，客户在忘记携带这些实物类卡片时，由于无法享受到优惠活动，必然会大大降低消费体验，造成客户流失。

LBS 服务平台，则可以有效地解决上述问题。LBS 应用的用户界面，清晰地展示着用户的签到次数、消费数据等各种信息，商家一方面可以据此对用户进行优惠让利活动；另一方面，还可以将现有客户进行细化分割，针对不同的客户群体推送更加人性化的优惠促销和节日回馈等活动，从而建立起与客户的强关系，增强用户黏性。

LBS 在广告营销方面有着巨大的优势和发展潜力，也为困扰于"顾客忠诚度问题"的实体商家，提供了更为有效的解决方案。借助与新型社交网络的结合，传统的实体商家能够实现更加精准化、个性化的营销推送，为用户带来全新的价值体验，从而极大地提升用户的品牌忠诚度。

例如，2010 年 5 月，星巴克与美国知名地理信息和微博社交网站 Foursquare 合作推出了"市长奖励计划"，布局社交营销领域。具体而言，Foursquare 用户需要在网站上建立自己的社区，并在其中"检入"星巴克咖啡店。然后根据相关的统计数据，虚拟社区将授予那些进入次数最多的用户"市长"称号，并获得在星巴克购物时的一美元折扣奖励。

（3）帮助商家开展真实的口碑传播

LBS 应用还可以帮助商家实现快速口碑传播，获得巨大口碑红利。例如，通过搜索记录、拍照上传等功能，用户可以将产品或服务体验即时分享到各个社交平台上，实现商家或品牌的口碑传播，从而吸引更多的消费者。

仍以星巴克为例。2011 年 4 月，星巴克在全美七大城市推出了"Mobile

Pour"服务。这是一款 LBS 应用软件，用户只需在手机上安装 Mobile Pour 应用，就可以随时下单订购自己喜欢的星巴克咖啡。而星巴克则会根据用户的许可，对其地理位置进行定位，并让踩着踏板车的配送员将咖啡及时送到客户手中。为了保证速度，星巴克还在每平方英里范围内都安排了两名配送员。

星巴克推出的这款基于地理定位的服务 App，以其新颖、实用、迅速的特点迅速走红，甚至被称为"LBS 的最佳商业应用"。而星巴克也因这款 LBS 移动应用，为用户创造了全新的产品和服务体验，获得了巨大的口碑红利。

（4）了解顾客需求，改善服务质量

移动互联网时代是一个更加"以人为本"的时代，要求商家能够深入细致地把握目标客户的群体和个人特质，以便更有针对性地进行营销推广和产品、服务的研发改善。

例如，哪些人经常路过自己的店铺，从而可以发展成潜在客户？对于已有的客户群体，又可以根据职业、兴趣、生活习惯等细分为哪些亚群体，从而实现更有效的关系维护？如何把握客户的个性化需求和痛点，实现更精确的信息推送和互动式营销？

LBS 营销可以为商家提供这些问题的解决方案。通过深入挖掘和分析用户的交互数据，商家可以获取用户的兴趣爱好、生活习惯、活动轨迹等各种信息，从而对目标群体进行细化分割，为客户提供更加个性化的产品和服务，并及时获得反馈信息，优化客户的产品或服务体验。

另外，借助 LBS 中的数据分析，商家还可以了解到竞争对手的更多信息，从而发现自己的不足，展开更具针对性的营销推广。

例如，通过 LBS 服务平台，商家可以了解用户常去的同行业的商家，或者比较受欢迎的产品。根据用户对其他商家或产品的点评分享，商家就可以知道自身的不足之处，比如是产品的口味、选择问题，还是服务方面不够完善，或者是缺乏必要的优惠让利措施，进而及时进行改善，更好地满足客户需要。

4.1.3 资源共享与互换：从签到应用看 LBS 的核心本质

截至 2011 年 3 月，国内的 LBS 应用服务商只有 40 多家。不过近两年，移动互联网的发展和智能手机的广泛普及，为 LBS 提供了巨大的发展空间，相关的服务企业和产品也不断加速增长。

在商业价值上，基于地理位置服务的 LBS 营销，能够随时获取用户的位置场景信息，有利于商家进行更加精准的产品或服务推送。同时，LBS 营销是以用户主动使用服务平台为前提的，因此具有更强的互动性，商家能够及时收集反馈用户的各种信息，也有助于与用户建立起强关系，实现基于社交分享的互动式营销。

因此，当前国内的很多商家已经开始在 LBS 领域进行营销布局，并取得了一定的成果。

（1）凡客签到活动

2010 年 11 月 20 日到 30 日，凡客诚品与 LBS 服务网站冒泡网，合作推出了一项名为"我是凡客"的主题签到活动。冒泡网用户只要在北京的主要公交站点或地铁站的站牌广告位置，登录冒泡网进行"签到"，就有机会获取"我是凡客""VANCL 韩寒""VANCL 王珞丹"等虚拟勋章。

"我是凡客"签到活动取得了巨大成功，第一天的参与用户数就过万。用户通过"签到"的形式，将身边"我是凡客"的画面上传分享到新浪微博、人人网等社交平台上，使线下广告得以在线上广泛传播，实现了凡客品牌的塑造推广。据事后统计，"我是凡客"同名视频在 VANCL 官方微博上的点击量超过了 56 万次，评论数也超过了 12 万条。

凡客签到的成功得益于两个方面：一是利用虚拟勋章荣誉系统，为用户在移动化的碎片场景中（公交／地铁站）创造了新的价值体验，从而极大地激发了用户的参与热情；二是鼓励用户将"我是凡客"标签同步到微博、视频、SNS等平台中（如每天从中抽取一名幸运用户赠予凡客大礼包），充分发挥了社会化媒体即时互动和分享传播的特质，实现了品牌信息的快速扩散推广。

凡客签到活动的实质，是利用冒泡网的LBS定位服务，将线下实体广告导入线上，并充分利用LBS平台的分享互动特质，让用户成为品牌塑造传播的主体，从而实现了知名度的提升。

（2）优衣库虚拟排队对幸运数字的应用

在日常生活中，人们常常会看到这样一种场景：新开张或者进行周年庆的商店门前，众多消费者排队等候商家的促销折扣或节日礼品。这种促销方式往往受到地域、时间的限制，影响力有限，也很难获得持续的品牌影响力。而结合LBS服务平台的营销推广，则可以有效解决线下营销的时间、空间限制，达到最佳的营销效果。

2010年12月，日本知名服装品牌优衣库（UNIQLO），联合人人网推出了"UNIQLO LUCKY LINE"网上排队活动。参与者用人人网账号进入活动页面，选择喜欢的卡通形象，然后就可以与其他人一起在优衣库的虚拟店铺前排队购物，并有机会赢取iPhone 4、iPad、旅游券、特别版纪念T恤等奖品。

"UNIQLO LUCKY LINE"活动借鉴了在日本和台湾的成功经验，推出不到一周就有超过93万人参与。而且，借助参与用户在人人网的分享互动，优衣库极大地扩散了品牌影响力，成功实现了粉丝积累，并有效促进了线下实体店的销售业绩提升。

其实，"UNIQLO LUCKY LINE"活动本质上是一种基于LBS应用平台的创意营销方式。商家通过极具吸引力的礼品，调动用户的参与兴趣，并为用户带来全新的参与体验价值。同时，通过社交平台的互动分享，让消费者参与到品牌塑造推广的过程中，将传统的单向信息推送转化为互动式、参与式营销，实现了线上线下的有效融合。

（3）优惠券+LBS应对"千团大战"

除了上面两种模式，LBS签到+优惠券，也是商家进行LBS营销时的常用手段。

例如，人人网推出的糯米团购网，就充分利用人人网的平台资源，推出了基于地理位置的"人人报到"签到活动，并整合商家的优惠券资源，为用户提供相关的优惠券业务。具体而言，用户可以在糯米网主页的"精品优惠券"中，选择以地图模式展示各种优惠信息。用户附近区域商家的优惠券则会显示在地图中，只要点开就可以获取具体优惠内容，并进行订购消费。

通过LBS签到获取优惠券，包括两种形式：一种是用户签到后可以获得基于自身地理位置的周边商家的即时优惠活动信息；另一种则是用户在签到时直接获取优惠券。

糯米网通过这种LBS营销活动，在为用户创造更多价值的同时，也为商家导入了更多的客户，实现了商家业绩的提升；同时，糯米网本身也借此吸引到更多的优质商家入驻，从而获得了新的利润点。

总体来看，优惠券+LBS的营销模式，通过整合各种资源，打造了移动社交电商新模式，有效平衡了用户、平台与商家的关系，实现了多方共赢。

（4）Miracle Mile Shops：谁是签到领主？

Miracle Mile Shops购物中心位于美国拉斯维加斯的闹市区域。为了吸引更多的消费者前来购物，该购物中心与美国知名的基于地理位置的手机服务网站Foursquare进行合作，鼓励来购物中心的用户在Foursquare中进行签到，并将签到次数较多的用户名字展示在大屏幕上。

Miracle Mile Shops的这种创新，为消费者带来了全新的购物场景体验，不仅吸引了更多的用户前来签到，而且制造了新闻事件，"谁能最终胜出"也成为人们热议的话题，极大地提升了购物中心的知名度。本质而言，Miracle Mile Shops的这种营销创新，是利用LBS这一比较新潮的网络技术和平台，通过制造能够引起人们兴趣的话题（"谁会成为签到领主"），实现用户自主参与的互动式营销，进而更有效地达成营销目标。

LBS营销是移动互联网时代的新型营销模式，企业需要在移动互联网的时代背景下，抓住该营销模式的实质和关键：LBS营销是基于用户地理位置场景信息的精准化互动式营销，更加注重用户的参与体验价值，其核心是资源的共享与互换。

具体而言，商家需要与LBS应用平台合作，在平台上提供各种优惠让利活动，以鼓励用户在LBS服务平台中签到。同时，商家和服务平台还应该为用户创造一些消费之外的价值体验（如虚拟荣誉勋章），以培养用户的签到习惯，维持用户长久的参与兴趣，保持用户的忠诚度，并鼓励用户在社交平台上进行信息分享。

通过资源共享与互换，LBS营销实现了用户—平台—商家三者的平衡与共赢。

★用户通过LBS服务平台，在移动化的碎片场景中获得了商家优惠和更多体验价值；

★平台通过提供商家优惠和用户分享，吸引了更多的用户，实现了粉丝积累和数据获取；

★商家则借助平台用户数据，实现了更为精准化的场景营销，提升了客户的忠诚度。同时，通过用户点评分享，商家也实现了真实的口碑传播，并能够针对反馈信息，及时改善产品和服务，优化用户的消费体验。

不过，当前LBS营销的发展还存在一些问题，主要集中于：用户规模较小、比较零散，无法进行有效的大数据分析挖掘；LBS服务平台本身并不具备支付功能，需要商家有效协调第三方支付平台与LBS应用平台；LBS的位置定位功能基本都是通过GPS定位技术实现的，容易造成位置偏差，精确度还有待提升。

虽然LBS营销的发展面临着诸多难题，不过，其互动式、体验式的营销特质，适应了新的市场需求和消费心理，实现了多方共赢，因此必将成为商家在移动场景下的一种新营销模式。

4.1.4 微信 PK 微博：找寻商业价值与盈利增长点

从 2010 年开始，以 Foursquare 为代表的国外 LBS 网站开始崛起，引发了国内发展 LBS 的风暴。2011 年 6 月底，国内与 LBS 相关的公司已经发展到了 50 多家，但是在随后的发展过程中逐渐出现了一些用户沉淀困难、创新不足、缺乏清晰盈利模式等问题，国内的 LBS 公司开始面临发展困境。

2012 年，LBS 行业的先驱 Foursquare 成功转型为本地生活服务平台，其最初的签到功能被分离出去成为名为"Swarm"的新应用，国内的 LBS 网站虽然进入了相对低迷的发展阶段，但是也存在着一批以微信为代表的"微创新"公司在 LBS 应用方面进行创新发展，有些也取得了不错的效果。

（1）LBS 认识误区

如今国内的 LBS 应用大多只是直接搬用国外的发展模式，缺乏一定的创新性，其应用仅限于"签到"这一层面，无法对用户形成长时间的吸引，一旦用户最初的新鲜感消失，用户流量就会开始大规模减少。在这背后的最深层次的原因在于国内的 LBS 应用平台将 LBS 作为一种模式来运作，但是 LBS 的实质却只是一种功能。

这种对 LBS 本质的认识不足，将 LBS 的从业者限定在用 LBS 的功能去沉淀用户，从而获得 LBS 的价值变现，其实对于大部分的网络用户而言，最受青睐的还是那些能够直接帮助自己解决实际问题或者是带来一定利益的应用。火爆的电子邮件与腾讯 QQ 解决了用户在互联网时代所需要的用户沟通问题，而作为新秀的 Facebook、微信等解决了移动互联网时代的社交问题，从这个层面上来说，海量的用户沉淀成为一种必然。

无法解决用户所面临的问题或者为用户带来一定利益的LBS应用，注定很难有所发展，其价值变现之路也注定要走向失败。因此，当下的LBS公司应该思考的是如何使LBS的应用突破这种思维的局限，将LBS定位在一个最基本的服务功能上，将其作为某种产品的一项功能嫁接进去，如此LBS的应用才能有较高的商业价值。

（2）正确的LBS发展之路

当前的市场环境下，LBS的发展应该定位成能解决用户的实际问题或者是为用户创造一定的价值，将LBS作为某种应用的一种功能，并且通过对应用的功能创新使其具备较强的黏性，从而积累大量的用户，让用户能够自发地传递品牌文化。如此，便可沉淀海量用户，从而为价值变现提供一定的基础。

（3）微信的发展路径

腾讯的高管以及微信的开发者张小龙清楚地认识到纯粹的LBS应用的局限性，如果将国外的LBS发展模式生搬硬套，在国内无疑要面对诸多实力强劲的对手，仅有签到功能而不能为用户创造一定价值的LBS应用缺乏沉淀用户与价值变现的基础条件。

在微信的研发上，LBS应用仅作为一项基本的功能，被植入"离线助手""视频聊天""语音聊天"等应用中，满足了用户的需求。LBS功能产生的效果能为用户创造一定的价值，使其发展走向一条全新的发展之路，和业内的同行业竞争者形成多元化与差异化竞争。

从最初的用户积累到用户的黏性提升，再到用户的习惯养成，最后到商业模式的创新发展，由张小龙所带领的团队成功走出了微信的创新发展之路：从满足用户需求的实际功能出发沉淀用户，进而使LBS成为用户生活的高频次使用功能，再进一步对盈利模式进行发掘（图4-2）。

如今的微信在用户黏性以及用户习惯培养方面已经有所斩获，正在朝着商业模式的探索方面稳步前进，微信公众平台、微信会员卡、微信支付等相关应用的开发成为业内的成功典范。

（4）微信才是最大的LBS应用

微信能称之为最大的轻应用主要表现在微信的功能以及用户两个方面。

图4-2 植入LBS功能的微信应用

★从功能上来说，微信的主流功能有QQ离线助手、视频语音、查找附近的人、摇一摇、漂流瓶、微信支付等，其中植入LBS功能的"查找附近的人"、漂流瓶、摇一摇得到了广泛应用；

★从用户的角度看，根据腾讯官方发布的数据，微信的月均活跃用户量已经超过 5 亿，"最大的 LBS 轻应用"称号当之无愧。

（5）微博的 LBS 机会

经过长时间的积累微博的用户流量已十分庞大，在用户的黏性以及习惯培养方面也具备较大的优势，大量的微博用户每天发布信息，与朋友圈交流互动，分享生活中的各种体验，而且微博中的 LBS 功能引入时间也相对较早。

如今微博平台面对的是如何解决用户的问题，为用户带来一定的利益，从"微创新"的层面实行单点突破。对此，微博可以尝试开发类似手游交友、漂流瓶等娱乐功能，也可以开发送打折的商品代金券等实用功能，使微博成为一个更加趋向于本地化生活服务的综合服务平台。

能够了解用户的潜在需求，并以此为产品及服务开发的立足点，借助 LBS 技术采取地图显示、瀑布流式布局等方式为微博平台的合作商家提供优质服务。

比如，微博中"周边的人"这一 LBS 功能，在用户点击该功能后，可以查看到附近的微博用户，并向他们发送信息、发私信、加关注等，用户可以在签名档上为自己打广告，宣传自己的品牌等。

如果想购物的用户在商业街打开微博"附近的人"这一应用，从而发现一家心仪的商家正在进行商品打折促销活动，可以根据微博的 LBS 功能对商家进行定位，从而买到自己所需的物品。

微博平台对"附近的人"这一功能的地图显示采用竞价排名的方式将商家的位置进行排列，再加上商家所举行的优惠促销活动，不难想象其营业额一定会有巨幅增长。此种功能在餐饮、零售、娱乐等服务型产业有较大的发展前景，如果微博再对这一功能进行垂直细分，比如"查看附近的餐厅""查看附近的电影院""查看附近的酒吧"等，相信会取得更好的效果。

4.2 LBS 场景营销模式：智能化、个性化与场景化

4.2.1 LBS 场景营销：智能化 + 个性化 + 场景化

正如阿里巴巴的创始人马云所说：大家还未掌握 PC 时代时，出现了移动互联网；没搞明白移动互联网时，就迎来了大数据时代。如今 LBS 技术的广泛应用使得本地化生活服务已经成为商家进行产品营销的必争之地，与我们生活相关的各种各样的数据信息开始被各大商家搜集起来，成为运用大数据分析挖掘消费者潜在需求的重要资料。当我们的实时需求能够被商家分析、预测，不仅能使我们的生活水平得到提升，还会为企业创造巨大的价值。

手机地图在人们的生活中逐渐普及后，与地理位置相关的移动应用开发开始变得火热，尤其是当下电商、出行、导航以及各种本地化生活服务产业的蓬勃发展，使得位置服务开始与更多的行业实现深层次融合，再加上庞大的智能手机用户市场，位置服务成为一个存在巨大价值的新兴产业。

当下 GPS 服务功能已经成为智能手机的主流配置，通过这种功能商家可以搜集到用户每一天的行为轨迹，消费者经常出现的商店、酒吧、电影院、餐厅等详细信息清晰地展现在商家面前，为商家的营销推广提供参考数据，从而在与同行业的竞争中处于优势地位。

智能手机与 LBS 的结合使得人们的生活发生了巨大的改变，如果将线下的店面比作互联网中的一个个网站，那么人们在现实中的所有活动就成为互联

场景营销：
大连接时代的"营销颠覆者"

网中的流量，人们在不同线下店面的购物行为则成为用户流量，从一个网站跳转至其他的网站。商业环境以及商业逻辑的变化使得企业的传统营销模式面临转型。

LBS最初只是一项"签到"服务功能，2014年被Facebook收购的Foursquare就是靠这一服务发展起来的。随后便是地理位置与社交功能的结合，微信的"摇一摇"便是此中的典型代表。

如今基于地理位置的本地化生活服务成为一大热点，2015年合并的58同城与赶集网在本地化生活服务方面走在了前列。与地理位置相关的生活电商将会是今后发展的重点方向，阿里巴巴、京东等电商巨头已经开始进军这一领域。

LBS与拥有庞大用户流量的社交网站的结合，是其获得潜在消费者的重要基础，而电商的加入无疑为LBS实现价值变现提供了清晰明确的发展方向。由于移动互联时代消费者的消费行为与需求心理的改变，未来的LBS应用将会朝着个性化以及智能化的方向不断发展，发掘出人们的潜在需求，通过技术突破与优化资源配置尽可能地满足消费者的需求。

LBS在移动支付、大数据处理、地理围栏（Geo-fencing）技术出现后有了更为广阔的应用场景。移动支付与LBS技术的结合将优化O2O产业链的上下游资源配置，重塑产业结构。大数据分析技术有了LBS技术的助力，将会帮助商家生产满足消费者需求的个性化以及定制化产品，并调整企业区域资源，向需求更大的区域调配更多的资源。

地理围栏（Geo-fencing）技术的原理是用一个虚拟的围栏产生一个虚拟边界，解决了LBS定位技术在室内无法做到全面覆盖的问题，当用户在边界内活动，或者是进入、离开边界时就会收到系统发送的通知。地理围栏作为一种LBS的全新应用将会帮助商家实现基于地理位置的智能营销推广与用户数据管理，而且投入成本相对较低。

2014年春运期间，一种基于LBS大数据应用的景区热力图产品成为国内

第4章
LBS 场景营销：基于实时定位的场景营销模式

的焦点，用户用这一产品可以了解国内各大景区的客流量，从而调整自己的旅游计划。春运期间几亿人口开始在全国范围内流动，而如今人们的出行已经和手机紧密联系起来，通过对人们手机的实时定位，可以了解手机用户的迁移轨迹，从而由系统生成一张动态变化的热力图（图4-3）。

图 4-3 百度景区热力图

用户点击图片上的每一个点，都可以查看到该区域在最近几个小时内的人口进入、迁出的详细数据，而且通过大数据分析后所得出的结果十分精准，这在以前看来是根本不可能实现的，这种实现大数据可视化的产品在未来的企业营销中将会有广阔的应用前景。

通过 LBS 技术的应用，能够合理优化资源配置，调整上下游产业结构，顺应个性化和智能化的社会发展趋势。将移动 LBS 应用中的人、位置、商品、移动设备几个要素直接进行连接，不同的组合方式对于企业来说可能就是一个完全不同的营销模式，可结合企业的特点采用最适合自己的营销模式，从而满足消费者的个性化追求，使 LBS 的智能化惠及人们生活的各个领域。

4.2.2 LBS 场景营销模式的三大应用领域

当前，移动互联网逐渐成为国内的一种新"基础设施"，这为 LBS 服务的发展提供了广阔空间和有利条件（图 4-4）。

图 4-4 LBS 场景营销模式的三大应用领域

（1）LBS+ 生活信息服务

在移动互联时代，用户成为信息内容的创作者和主要传播者，这为商家实现更有效的口碑传播提供了便利。具体而言，通过 LBS 服务平台，客户可以把自己在餐馆、理发店、KTV 等生活娱乐场景中的体验，即时上传分享到社交平台上，并对相关的产品或服务进行点评（图 4-5）。

这种基于消费者分享评价的信息，能够实现最大的口碑传播。因为用户的每一次分享和点评，都可以看作是一句口碑。而且对于其他客户而言，这种分享和点评也更具可信性。另一方面，通过浏览 LBS 平台中的商家信息和客户点评，用户也有了更多的参考信息，从而可以找到更加符合自己需要的商家或产品。

图 4-5 用户点评示例

当前，国内的很多商家已经意识到 LBS 在营销推广中的重要价值。这些商家开始与 LBS 应用平台进行合作，开展针对用户的签到优惠、礼品奖励等营销活动，并针对用户痛点，提供优质产品和服务，以树立良好的品牌形象，吸引更多的消费者，获取更大的商业价值。

（2）LBS+物流货运车辆管理

物流的货运车辆管理，也将成为 LBS 在国内的主要应用场景。除了要完善物流体系以外，当前国内的物流货运业务，主要是通过增加人力来达成速度目标，这大大增加了物流的运营成本，也无法满足快速发展的电商市场需求。

另一方面，在物流运输过程中，快递公司无法为客户提供实时的和历史的信息查询，也不能及时对相关问题进行处理和反馈，这严重影响了客户的消费体验，也必然导致客户的流失。

LBS 服务应用的发展，可以在某种程度上解决当前国内物流运营的难题，特别是实现对货运车辆的有效整合和高效管理。具体而言，快递公司可以研发一款多功能的 App，并与配送员身上的智能终端相连接，实现 App 上的取件预约、送件提醒、就近配送和取件等服务。

一方面，通过这种 App，可以为客户提供订单的实时查询，让货物的物流信息（地理位置、准确送达时间等）更加公开透明，从而改善物流体验，提升客户的满意度。

另一方面，快递公司也能够通过实时定位功能，优化整合各种物流资源（车辆、人力等），有效避免资源的闲置浪费，从而节约运营成本，提高物流效率。比如，杜绝司机的公车私用和虚报燃油费等行为；及时调用最近的车辆进行货物卸载和装运，提高车辆使用效率；根据定位信息合理规划行车路线，等等。

（3）LBS+ 酒店预订

当前国内的酒店仍然以"守株待兔"的传统经营模式为主，即提前预订或等客上门的方式。显然，这种模式缺乏与消费者的有效沟通互动，消费者既不知道酒店的即时情况，如房间数量、房价标准、优惠活动、周边配套设施等，酒店也对目标客户的情况一无所知，无法进行更加精准的营销推送。

而基于位置服务的 LBS 营销模式，则可以实现商家与消费者的有效互动，使酒店与目标客户建立起相互信任的强关系，实现全新的场景价值创造和收益获取。

比如，酒店可以在合作的 LBS 服务平台上，经常推出一些限时签到奖励、邀请好友签到团购等优惠让利活动，以此吸引更多的潜在客户，提升客户体验。当用户登录 LBS 平台后，可以随时查询酒店的房间、价格、活动等各种相关信息。

4.2.3 位置开放：本地生活服务的精准营销之路

LBS（Location Based Service）的侧重点在"service"，即服务。当这种服务延伸至出行、社交、娱乐、餐饮等生活的方方面面时，LBS 在营销中的应用必然成为企业急需掌握的关键点。企业看好的是 LBS 市场的广阔发展前景，而消费者则更加希望 LBS 的发展能给他们带来更加富有个性和实用的商品。

最近几年，国内的几家互联网巨头企业先后提出开放平台策略以及 API 接口，在大数据分析技术的推动下 LBS 在移动互联网的相关产品中得到广泛应用。移动互联时代是一个开放的时代，更是一个共享的时代，开放性的平台将是 LBS 产品发展的必然结果。

一个开放的平台其核心元素就是那些由广大用户群体组成的开发者，未来平台之间的开发者之争将会愈演愈烈。如今开发者在平台上可以享受到更为便捷的服务，之前的许多封闭技术现在已经陆续开放，开发者可以在平台上完成整个应用的开发。

2013 年底，百度对外公布了 Open Map 计划，意在与广大开发者携手共创 LBS 生态圈，这也被外界称为百度争夺平台开发者的杀手锏。能让开发者高效快捷地在自己的平台上开发出 LBS 应用，成为互联网企业巨头进行 LBS 战略布局的重点，相对于开发 App 来说，显然借助开放平台使开发者开发应用投入的成本更低、效果更佳。

LBS 将会成为未来移动互联网组成的重要部分。相对于已经比较成熟的发达国家的 LBS 产业来说，国内企业目前应该和广大的社交媒体、团购平台、电商企业进行深度合作，提升服务水平，进而提升用户黏性，构建出综合的 LBS 服务平台。在开发、共享的平台上，各大商家与开发者应携手努力将 LBS 产业做大做强，逐渐延伸 LBS 应用的深度与广度，比如近几年逐渐兴起的本地搜索引擎以及 App Store 就是典型的代表。

  LBS 的应用必然会引起传统营销模式与现有市场需求之间的矛盾，尤其是如今 LBS 应用与本地化生活服务领域的深入结合，已让商家、平台、用户之间成为一个联系密切的整体，加入 LBS 服务的应用已经成为企业实现更加高效、精准营销的重要渠道。一场由 LBS 引发的营销革命已经悄然开启。

4.3 二维码营销：智能手机时代的营销模式创新

4.3.1 二维码的十八种商业化场景应用

近几年兴起的二维码如今已经成为生活中随处可见的事物，在商业活动中也已成为一种重要的连接消费者与商家的工具，有了二维码的参与，移动互联网时代的商业活动显得更为完整。而随着场景消费模式的崛起，二维码的商业化场景应用成为一个重要的命题。

二维码在信息内容的丰富度上具有极大优势，在一些发达国家，尤其是日本与韩国，二维码应用已经得到普及，应用率达到了96%以上。国内的二维码商业化在2006年已经出现，只是由于当时智能手机等硬件设备没有普及，缺乏实现二维码商业化的有效载体。到了2012年国内的二维码应用开始大规模增长，当下国内的二维码月均扫码量已经达到几亿次，各大商家开始布局二维码产业。

一般说来，二维码的应用主要包括主读与被读两种形式，前者主要是指有二维码扫描功能的手机等移动终端解读各种载体上的二维码，其广泛应用于产品防伪、执法人员检查等领域；后者主要是指将手机等存储的二维码作为在线交易与支付的凭证，广泛应用于电商活动。下面列举了一些二维码应用的商业化场景，对移动互联网时代的企业具有一定的参考价值。

（1）网上购物，一扫即得

国内最早的二维码扫描购物先在1号店中开始应用，如今的地铁通道、公交站台、机场的候机大厅中随处可见二维码商品墙（图4-6）。

图4-6 二维码商品墙

消费者看到自己喜欢的商品可直接扫码，并在手机上完成支付，等待快递人员送货上门。对于一些喜欢宅在家里的消费者来说，拿起所需商品的包装袋，对着二维码直接扫描即可跳转至商品信息界面，商品的规格参数、打折信息会清晰地展示在消费者的面前，接着按照手机购物流程即可完成交易。

二维码扫描购物具有规避风险、保障购物安全的优势。产品的二维码作为一种产品身份证明，可以保证产品的真实可靠性。二维码与O2O的结合，使得线下实体店面成为线上购物的产品体验店，以往要在城市商业中心承担高额租金的线下店面，现在可以选择建在方便消费者体验的公交站、居民区附近。

（2）消费打折，有码为证

二维码扫描的优惠打折活动成为商业活动中采用的最常见的方式，商家可以将电子优惠券用短信、微博、微信等发送到用户的手机上，消费者购物时只需要向商家展示二维码，商家通过扫描设备上的二维码即可达成优惠。

2011年海南香蕉又出现了滞销情况，但是与往年有所不同的是淘宝网发起了一项"聚蕉行动"，十几万网友购买了几百吨香蕉，消费者只需要在网上预订、支付，之后会得到商家发送的短信二维码，凭此二维码即可去线下的店面"刷机"取货。

2012年成都春熙路第二届钟表文化节上依波表举办二维码扫描优惠活动，在规定时间内扫描二维码就可享受优惠。

腾讯在2013年上线了微信会员卡，用户只要扫描商家的二维码即可获得享受优惠的电子会员卡。

（3）二维码付款，简单便捷

2012年底，支付宝公司推出了二维码收款业务，支付宝用户通过支付宝官方免费提供的"向我付款"二维码，借助手机客户端上的二维码扫描直接进入支付页面，就可以快速安全地完成交易。

利用支付宝提供的此项功能，位于福州的华威出租车公司的司机载客至目的地后，消费者用手机终端直接扫描车内的二维码，就可以完成支付，整个过程不到30秒。

星巴克咖啡的消费者将预付卡与手机直接绑定，通过扫描二维码直接支付，免除了排队付款的烦恼。

（4）资讯阅读，实现延伸

如今的报纸、杂志市场开始萎缩，因为媒体本身的特性只能承载静态的内容，无法做到延伸阅读。二维码的出现可以打破这一限制，使跨媒体阅读成为可能。杂志中可以添加二维码，让消费者扫描后获得更为丰富的内容，比如相关的影像资料等。

2012年8月份，高端财经杂志《新领军者》成为国内首家全广告二维码媒体，杂志的每个广告中都添加了相关的二维码供消费者用手机终端扫描，用户扫描后即可进入相关网站查看更为丰富的内容。

（5）二维码管理生产，质量监控有保障

二维码在制造业也获得了广泛应用，二维码所能存储的大量信息使产品的设计制造过程得到了优化。

比如，现在美国的汽车制造行业中，在针式打标机、激光打标机、喷码机等制作的直接零部件上标刻二维码（DPM 二维码）已经得到广泛应用，美国的汽车制造业协会为此制定了一系列的标准，发动机、凸轮轴、变速箱、离合器、安全气囊等皆有相关的标准。

二维码的应用使得汽车的生产加工质量可以被实时监测，从静态的生产线变为动态的柔性生产线，并使同时生产多种产品成为可能，生产过程的相关数据也成为产品制造执行系统可以充分利用的重要信息。

（6）食品采用二维码溯源，吃得放心

食品的生产、运输、销售等各个环节的相关信息都已存储在二维码中，消费者用手机扫描二维码可以了解食品从生产到销售整个过程的详细信息，让消费者放心购物（图4-7）。

图 4-7 食品采用二维码溯源

利群集团在青岛推行了肉类、蔬菜流通追溯体系，消费者直接扫描产品上的二维码，就可以掌握相关产品的流通过程以及安全信息；武汉的中百仓储在蔬菜包装上加入了二维码扫描信息，消费者可以掌握从蔬菜种植到销售的详细信息，包括打药、施肥、运输等相关内容，吃得更加放心。

（7）二维码电子票务，实现验票、调控一体化

火车票上印上二维码已经成为普遍现象，由此可以推广至旅游景点门票、演唱会门票、电影门票、飞机票等，门票的二维码电子化时代已经开启。用户只需要在网上购票后保留商家发送的二维码电子票，在进入场地时通过管理人员的扫描终端对电子票进行验证，即可完成验票流程，不仅节省了人力投入，而且效率得到大幅度提升。

苏州的一些旅游景点开始推行由税务部门统一标准的二维码电子门票，相关旅游景点售出的门票必须在当天完成激活才能向游客售卖，这种门票的实时激活机制将会帮助景点有效控制游客人数，减少旅游爆发期产生的爆棚现象。另外，重庆的武隆仙女山旅游景点与中国移动合作，推出扫描二维码享受半价优惠活动，吸引了众多游客。

（8）二维码管理交通参与者，能够强化监控

交通管理中引入二维码，可以将与车辆相关的信息进行存储，比如行车证、保险、汽车参数、司机相关信息等都可以保存在二维码中。在保存的二维码中输入车牌号、车辆类型等详细参数就可以让交警在监管车辆时直接扫码获取资料，不用再经过上级指挥系统协助调查，优化了监管流程。

（9）证照应用二维码，有利于防伪防盗版

日本、韩国的个人名片中二维码应用十分普遍，传统的名片不易携带、存储，如果在名片上印上二维码，只需要让客户扫描一下二维码，便可将自己的联系信息存储到客户的手机中，客户想要联系时直接拨打电话或者发送电子邮件即可，不用再去翻找海量的名片（图4-8）。

图 4-8 印在名片上的二维码

国内的银河传媒、灵动快拍二维码已经开发出此方面的相关应用，并取得了不错的效果。不只是个人的名片，人们的身份证、驾驶证、护照等都可以加上二维码，二维码在证件防伪方面具有极大的优势。

（10）会议签到二维码，简单高效低成本

时下一些大型会议时常会有上千名的来宾，签到流程繁琐，耗时较长，而且与会人员的身份确认也存在一定的漏洞，采用二维码扫描签到，主办方可以直接扫描先前发送给受邀者的电子二维码，省去了传统的签字确认、信息整理等耗费人力与时间的环节，降低了资本投入，提升了效率。

（11）执法部门采用二维码，有利于快速反应

广州番禺区的相关执法部门开始推行"出租屋智能手机巡查系统"，管理人员检查时只需要用手机终端扫描门牌上的二维码即可获得该房屋的相关信息。在商品包装上印上二维码，可使执法部门在检查时直接从移动终端获取相关的商品信息，比如原料供应商、生产加工商、经销商的信息等，对一些违法行为及时记录。

而且二维码扫描有安全性高与保密性好的双重保障，有利于监管部门提升监管质量、规范市场秩序、维护交易的公平与稳定等。

（12）防伪隐形二维码，无法轻易复制

20世纪90年代，国内具有高度保密性的激光打标防伪技术迅速崛起。如今印刷技术的快速发展使得隐形二维码得到一定程度的普及，国外已经开始将隐形二维码应用到玻璃、塑料、纸质产品等领域，这种隐形二维码的优势在于肉眼无法观察到其存在，只有用相关的红外激光检测才可扫描验证。

这种技术相对复杂，具有高度防伪性，造假者很难进行复制。商家可利用专业的红外激光扫描仪器结合智能手机二维码扫描技术完成验证流程。对于一些安全性要求较高的重要资料，比如公司的招标信息、用户信息、军事机密、政治文件等，完全可以通过这种安全系数极高的方式进行加密。

（13）高端商品用二维码互动营销，有助于打击山寨

国际著名的新西兰南极星葡萄酒，将二维码扫描技术成功运用到了葡萄酒行业，消费者只需要对产品背标上的二维码进行扫描即可获得相关产品的详细信息链接，包括产品的产地、年代、原料品种、产品介绍等信息。

这样消费者在选购葡萄酒时就有足够的参考资料，有助于消费者真正获得所需的产品，有利于企业向消费者传递品牌文化，增强互动营销，打击不法分子的山寨行为。

（14）传情达意，二维码引领传情 style

2012年，中国邮电大学的一个男生通过一个手绘二维码明信片向女友传达爱意，成为二维码传递感情的经典之作。其实，二维码的手工制作并不困难，利用一些软件的信息生成二维码，再将生成的二维码图片放大后打印，便可手工绘制在相关的载体上。

借助二维码传达感情不仅有科技含量，而且能给对方惊喜，相比直接的文字表达更易打动对方。如今一些咖啡店、酒吧等场所的饮料杯上添加的二维码，还能让消费者直接下载动听的音乐。

（15）二维码点餐，个性化客户服务到家了

在二维码广泛应用的时代，餐厅消费者可以获得更为个性化的定制服务。消费者可以直接用手机终端扫描菜单上的二维码，直接将点餐信息传送到餐厅的服务台，能够节省大量时间；也可以用餐厅的扫描终端扫描手机上的二维码，实现自助点餐，并获取其他顾客对各种菜品的评价信息。

另外，还能获得优惠信息，餐厅的服务系统将直接将你的电子优惠券以及VIP打折优惠计入交易金额中。消费者用餐之后，可以扫描餐厅的二维码对餐厅的服务进行评价，并累计消费积分。

（16）公交二维码，成为城市的移动地图

2010年，杭州市公交公司与移动公司联合推出了公交出行二维码实时查询系统，将二维码技术首次成功运用到了公交领域（图4-9）。这些二维码广泛分布在杭州市的公交车站及自行车站，用户只需要扫描二维码便可得到周边区域的旅游景点、餐饮娱乐、公交车、道路等信息，查询公交车的实时动态，极大方便了市民的出行，获得杭州市民的一致认可。

图4-9 公交二维码

（17）招聘二维码，求职者可用手机来应聘

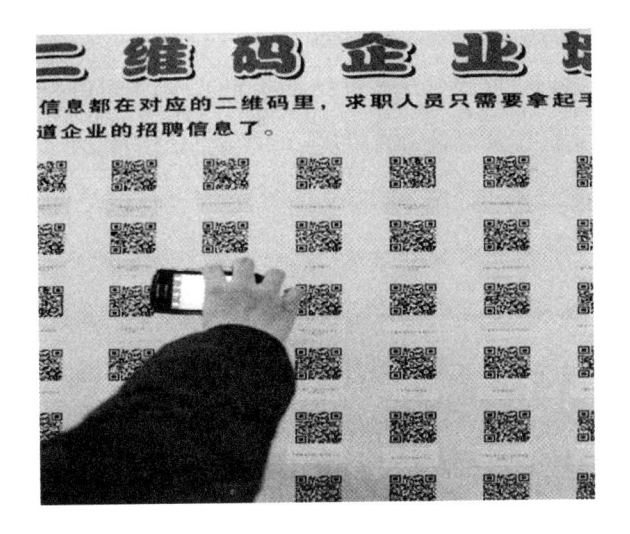

图 4-10 二维码企业墙

2012年底，在银川举办的人才招聘会上，一个由二维码组成的"企业墙"（图4-10）吸引了大量求职者驻足，求职者只要下载相关的App应用，便可用软件进行二维码扫描，接着手机会自行接入移动无线网络，求职者便可方便快捷地获取企业的招聘信息及详细资料，而且可以直接在客户端上投递简历。

（18）二维码进入医院，挂号、导诊、就医一条龙

如今的求医者都会面临挂号排队的困扰，借助二维码患者可以直接在手机终端上完成预约挂号，在预约时间拿着保存二维码的手机直接去医院的挂号处取号，有效避免了挂号排队、候诊等大量的时间浪费。

二维码服务应用到看病、支付等相关环节后，可以实现挂号、就诊、支付、取药等一系列服务，减少了患者重复排队的时间；而且患者可以通过扫描二维码对医院的各项服务进行评价，增进医患双方的交流沟通，避免不必要的冲突。如今各大医院的条码应用范围十分普遍，患者直接扫码打印，就能领取各项检查结果。

4.3.2 二维码在企业中的五种场景应用（图4-11）

二维码营销之所以能受到众多消费者的欢迎，除了可以为消费者的购物提供更多便捷之外，还能够为消费者提供一个生动有趣的互动环境。

曾经有人针对商家与消费者的互动问题做过一项调查，结果发现有69%的消费者希望能够与商家进行良好互动，这也为商家提供了一个重要的培养客户的机会。现在，很多推行二维码营销的企业都开始认识并重视这一点。

在微信营销中，用户只要扫描企业的微信二维码或者添加企业的公众号就可以关注企业，并与企业进行互动沟通。通过对企业的关注可以更好地了解企业文化及品牌特色，同时可以在新产品上线后第一时间就获知产品信息，从而以最快速度入手自己喜欢的产品。

而二维码营销与微信营销存在很多相似的地方，二维码营销中也存在互动的空间，用户只要扫描二维码就可以直接进入产品页面了解和购买产品，而有时候客户会进入企业的网站浏览，之后再购物。因此企业就可以在这一过程中创造互动的机会，通过互动提升客户的满意度，并提高用户对品牌或产品的忠诚度。

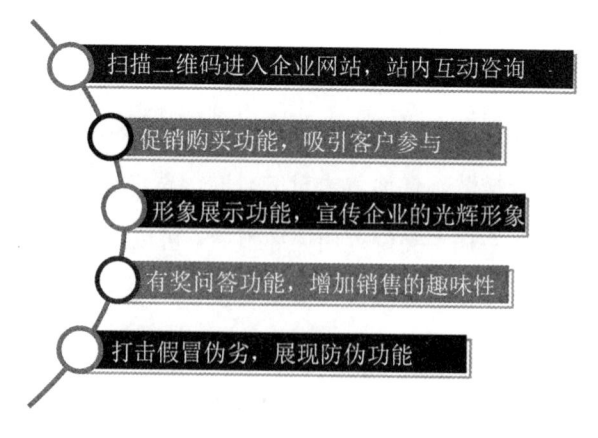

- 扫描二维码进入企业网站，站内互动咨询
- 促销购买功能，吸引客户参与
- 形象展示功能，宣传企业的光辉形象
- 有奖问答功能，增加销售的趣味性
- 打击假冒伪劣，展现防伪功能

图4-11 二维码在企业中的五种场景应用

（1）扫描二维码进入企业网站，站内互动咨询

二维码是一个容量比较大的网络存储器，因此企业可以将产品及企业信息都储存在二维码中，消费者只要在手机中安装一个扫码器就可以通过扫描进入企业网站，而企业可以通过网站与消费者进行交流互动，在了解消费者需求的基础上，在网站上发布一些消费者感兴趣的内容。

上海通用汽车品牌别克认识到二维码的功能较早，紧跟时尚潮流，在营销中使用了二维码。别克在各大报纸及杂志上都放上了二维码的推广图片，客户只要扫描二维码就可以直接进入公司网站，当客户遇到各种产品问题时都可以通过官网与客服进行在线沟通，而客服也会给予及时回应。在官方网站中还有别克的官方微信二维码，客户通过扫描就可以关注别克的官方微信，与企业进行一对一互动，同时了解企业的最新动态。

很多企业在开展营销工作时为了吸引更多消费者的关注和参与，通常会绞尽脑汁地想办法，比如进行问卷调查、为消费者提供咨询服务等，而随着二维码营销的盛行，这些原始的互动方式已经不能适应时代的发展，取而代之的是利用网络与消费者进行互动，因此企业只要充分利用网络即可。二维码同样在汽车行业也流行开来，典型的代表就是日本的三菱汽车公司。

三菱汽车公司开创了一种二维码互动模式，三菱将自己的二维码刊登在众多广告上，消费者只要用手机扫描二维码就可以通过手机观看三菱的广告视频以及广告的拍摄过程，可以更生动、直观地了解三菱汽车的产品。

此外，为了加强与消费者之间的联系，三菱汽车公司还专门设置了一个与消费者进行互动的环节，比如举办在线抽奖活动，为客户送大奖。通过这样的互动方式不仅可以抓住消费者的眼球，吸引他们去扫描二维码，同时也可以提升三菱汽车品牌的影响力。

互动式营销是企业二维码营销服务的重要体现，同时也是新时代一个重要的营销潮流，如果企业不能顺应这一趋势和潮流，做好互动式营销，就可能会

场景营销：
大连接时代的"营销颠覆者"

在二维码营销竞争中失去优势。如果不能让客户满意，他们就不会选择长期支持企业。

二维码作为一个网络存储器，除了存储产品、文字、图片、视频、网址之外，还拥有很多其他功能，比如可以与消费者进行互动、可以获取消费者的位置信息、可以锁定产品的类别等，二维码的使用不仅为消费者带来了极大的便利，同时也为企业提供了一种更加个性化的营销战略。

二维码营销的快速发展已经引起众多企业和商家的注意，许多以线下营销为主的企业，纷纷转型做起了二维码营销。二维码营销之所以受到如此大欢迎，与其自身优势有着密不可分的关系。支付宝副总裁樊治铭曾经说，支付宝的二维码可以取代交易中的物流和现金，用户只要通过支付宝客户端扫描二维码就可以完成支付，这样不仅更加方便快捷，同时耗费的成本也是非常低的，因此二维码也具有强大的支付功能。

除此之外，二维码营销还能提供信息咨询、有奖问答等功能，从而为商家创造更多的发展机会。

如今，二维码营销已经将业务触角伸向了房地产、餐饮、旅游、汽车等行业，还有更多的行业正在努力朝着这个方向转型，或许在不久的将来，二维码营销将拥有一个庞大的群体。

（2）促销购买功能，吸引客户参与

促销购买也是二维码的功能之一，因此企业在使用二维码营销中也可以增加一些促销活动，从而吸引消费者关注，提高产品的曝光率。

比如2013年11月，苏宁易购就在广告中推出了扫描二维码参与促销购买的活动，吸引了众多消费者的参与。消费者只要用手机扫描二维码就可以亲身体验O2O营销模式，享受到更加快捷、方便的消费方式。

同时，苏宁易购还推出了"超级0元购"的主题活动，用于抢购"iPhone 5S土豪金"，同时还有机会赢取豪华汽车等神秘大奖。丰厚的奖品设置吸引了众多消费者的关注，而苏宁易购也通过本次促销活动掌握了更多的消费者信息，获得了更多营销机会，取得了不错的营销效果。

（3）形象展示功能，宣传企业的光辉形象

二维码对于企业形象的展示和宣传也具有重要意义，因此企业的动态、成果、图片、奖项等都被纳入了二维码中。这样消费者在扫描二维码后不仅可以获得相关的产品信息，同时也可以了解企业的知名度及信用程度，有利于企业品牌形象的塑造和提升。

凯迪拉克在官方网站上也放了自己的微信二维码，消费者只要登录官网扫描二维码就可以关注凯迪拉克的微信公众号，公众号会在第一时间更新凯迪拉克的动态，为用户展示最新的产品信息。时间一长，凯迪拉克就给消费者留下了深刻的品牌形象。

（4）有奖问答功能，增加销售的趣味性

很多企业在开展线下营销的时候会采取有趣的形式来吸引消费者关注和参与，有奖问答就是其中一种。通过有奖问答中问题的设置，不仅可以让消费者更好地了解企业，同时也有利于塑造企业的品牌形象。在二维码营销中，有奖问答同样具有这一功能。

比如有一家商场在2013年国庆期间推出了扫描二维码参与有奖问答的活动，参与者即有机会赢取"iPhone 5S土豪金"。商场通过这一活动吸引了大量的消费者，同时也笼络了更多的会员，提高了商场的名气。

（5）打击假冒伪劣，展现防伪功能

对于一些知名品牌来说，假冒伪劣产品的猖狂不仅会损害消费者的权益，也会对品牌形象造成恶劣的影响。因此打假对于知名品牌来说是一项重要的任务，而如今使用二维码也可以对产品进行防伪查询。

比如有一家卖阳澄湖大闸蟹的商家，为了打击假冒伪劣产品，在每一只大闸蟹的身上都贴上了二维码，这就相当于大闸蟹的身份证，消费者只要扫描二维码就可以获得相应的号码,而这也是区分产品真假的重要标志。消费者扫描二维码除了可以获知大闸蟹的号码之外,还可以获知大闸蟹的产地、重量等信息,从而为消费者买到正宗的产品提供了更多的保障。

4.3.3 实体店如何借助二维码进行场景营销?

随着移动互联网在人们生活中的深入渗透,手机扫描二维码已经逐渐成为一种时尚,购物扫码、吃饭扫码、摇奖扫码……二维码在我们的生活中扮演着越来越重要的角色,而O2O模式的盛行更是将二维码的应用推向了一个新高度。许多传统的线下零售店也开始使用二维码开展营销工作。

二维码由一些不规则的黑白相间的图形组成,用来记录数据符号信息。这种看似没有任何意义的图形对传统零售店的营销却发挥了重要的作用,带来了意想不到的营销效果。因此在市场竞争日益残酷的商业环境中,我们应该对二维码营销有一个更深入的认识和了解,以便更好地发挥其营销功能,为店面运营创造更大的价值(图4-12)。

价值一
- 二维码可以有效解决店面产品展示不足的问题

价值二
- 二维码可以有效解决店面人员不足的问题

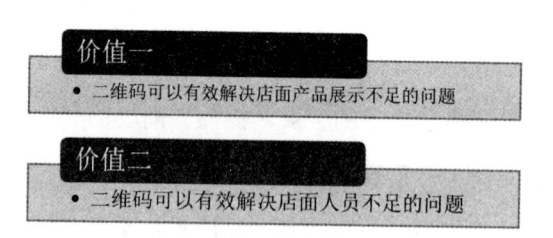

图4-12 二维码对传统零售店的两大价值

(1)二维码可以有效解决店面产品展示不足的问题

实体店面只有处在繁华的地段才能吸引更多的客流量,但是城市的繁华地段往往是寸土寸金,这样一来实体店就常常会遇到因店面面积太小而导致的产品不能完全展示的问题。如果消费者到店消费时找不到自己想要的商品很可能就会去另一家店，而商家就会失去一个交易机会。

如果在店面中使用二维码，就可以在一定程度上解决产品展示不足的问题，比如当消费者在实体店中找不到自己想要的商品的时候，可以让其通过扫描二维码了解店中未展示的商品，并可以在商品展示页中了解商品更详细的信息，包括商品的尺寸型号、功能、使用方法等，同时也可以浏览其他消费者对商品的相关评论。

有一点需要注意的是，不要在消费者刚进门的时候就让他们拿出手机去扫描二维码，这样容易造成消费者的反感。当消费者在店内找不到自己满意的商品时，销售员再引导其通过扫描二维码了解店内更多的商品，从而增加消费者在店内逗留的时间，并在这一时间段里通过更详细的商品介绍促成交易。

（2）二维码可以有效解决店面人员不足的问题

周末和节假日是促销的好时机，但是很多传统零售店却常常会遇到人手不足的问题，客人一多就忙不过来，还经常会因为人手不足不能照顾到所有客户而造成客户流失。虽然顾客的流失是在所难免的，但是时间一长，因为对顾客照顾不周而造成的顾客流失就会对店面口碑带来不良影响，进而影响实体店的产品销售。

面对这一问题，二维码可以发挥相应的效用。如果将二维码应用到店面的管理中，就可以有效提高工作效率。实体店经营过程中的很多环节只需要一个简单的扫描验证就可以完成。当消费者排队等在店铺外，前台有好几个服务员正在用本子记着顾客的名字以及预约号的时候，不妨设想一下：如果这时用二维码排队，那么就可以为顾客省去等待的麻烦，同时还可以解决因长时间等待而发生的各种矛盾和问题。

收银环节同样也可以应用二维码，通常在超市的收银台我们会看到各种POS机和大小收钱抽屉，而如果使用二维码付款，不仅可以提高效率，同时也可以省去找零的麻烦，提升客户体验。或许在刚开始应用的时候许多顾客并不习惯使用扫描支付，但是时间一长，便捷的支付方式将会被越来越多的人接受。

但是在现实中，商家却很少将二维码应用在这些方面，更多的是应用在广告以及营销方面，比如，有时候外出就餐就会看到桌子上有二维码。因此，商家应该将二维码的应用重点转移到支付等环节上，以降低人力成本，提升工作效率，提升客户的消费体验。

（3）店面二维码使用的网络环境

现在一般的店面或消费场所，都有无线 Wi-Fi 覆盖。随着网络的盛行，越来越多的零售店面已经开始朝着 O2O 方向转型，而免费的 Wi-Fi 上网更是线下实体店营销宣传的一个特色。很多顾客消费的时候也会将是否提供免费的上网环境作为一个考虑因素。

实际上，创造免费的网络环境不仅可以吸引顾客，增加顾客在店内的停留时间，同时商家也可以通过路由器获知连接的用户信息，并通过对数据信息的分析为店面的经营决策提供重要的参考。

既然要在实体店中推行二维码，就应该创造一个二维码的使用环境。首先应该保证手机上网信号稳定，有的实体店因为环境基站等原因，移动数据上网会很不稳定，因此实体店自己创造一个免费的 Wi-Fi 上网环境就显得非常必要了。而且，免费的 Wi-Fi 除了可以满足扫描需求外，也可以让顾客在扫描之后浏览与店面相关的信息服务。

综上所述，在实体店中推行二维码营销可以有效解决产品展示不足、人手不足等问题，提高运营效率。此外，店面二维码营销除了应用在营销促销环节之外，还应该从顾客以及卖家自身的需求出发，将二维码应用在能够帮助顾客以及卖家的需求痛点上，从而充分发挥二维码的使用价值。

第 5 章

O2O 场景营销：碎片化场景下的新型商业模式

5.1 场景O2O实战：线上虚拟场景与线下消费场景的连接

5.1.1 从摇红包到摇礼券：O2O营销场景的构建

无论什么样的商业模式，只有在该模式的实践下能提高商品销售量，这种模式才是可靠的。

2015年除夕夜的春节晚会之所以非常有特色，倒不是因为新添了表演内容，而是主办方推出的微信摇红包活动大大提高了观众的参与度。其实早在一年前，微信发红包的营销手段就已经受到人们追捧，比如滴滴打车与微信红包的结合，这也为2015年春晚的红包派发活动奠定了基础。

可以预测的是，接下来，传统媒介会寻求与新媒介的不断融合，2015年春晚结合微信红包营销这个例子就是传统电视节目联手微信平台的最好佐证。用户参与微信摇红包活动，不仅能够抢到红包，还能提前知晓节目单，也能与参与节目的明星在微信平台上沟通交流。这样的营销模式，改变了之前的单向传播，提高了用户的参与度与活跃性。

另外，2015年新年第一天的微信摇一摇活动中还纳入了众多品牌企业，据统计，这一天通过该活动摇到优惠券的用户约为7500万。优惠券覆盖的范围甚广，既有线上经营商，也有酒店、饭店、零售商家等发行的优惠券，涵盖的城市规模超过300个。

我们来分析一下具体实例。国美在2015年新年第一天向用户提供了1000

场景营销：
大连接时代的"营销颠覆者"

万张优惠礼券，其价值约为 10 亿。该活动大大提高了国美的销售量，其线上浏览人数比平常提高两倍，客户的订单量更是平常的四倍，这个规模与每年 11 月 11 日大型优惠活动的销售量差不多。

再以 DQ 冰雪皇后为例，该商家在这一天也推出了大规模的微信派发礼券活动，线下订单量在 4000 以上。

可以看出，无论是国美还是 DQ 冰雪皇后，他们通过联手微信平台派发优惠礼券的活动都收到了不错的效果，而这只是 O2O 模式运用微信平台价值的一个体现。微信能够获知用户的准确位置，参与微信红包的用户可以在活动中与经营方交流互动，这种场景营销有助于拓展微信平台的应用价值，获得更长远的发展。

这样的营销方式也十分受消费者青睐，虽然通过派发优惠券促销的方法比较普遍，好像没有什么独到之处，但派发活动与社交平台相结合就比较新颖了。微信平台的基础功能是社交，这种功能与红包结合吸引了众多消费者的目光。对商家而言，优惠券派发添加了娱乐与视觉因素，大大增强了营销效果，双方都能从中受益。

国美在线之所以能够采用 O2O 模式获得迅速发展，离不开国美电器线下的强大支持，此外，虽然时值传统节日，物流的高速运转也为商家的发展提供了必不可少的条件。国美在线别出心裁的措施大幅度提高了订单数量。

分析微信平台在优惠券派发等方面的应用，可以总结出，微信正在向大众消费领域进军。与此同时，只要留心观察，不难看出微信在现实生活中的应用越来越广泛。顾客在进入某家餐厅时，前台会提示，只要用手机微信扫一下店里的二维码，就能获得一小瓶饮料或是优惠活动，这样一个简单的应用便是场景营销的体现。除此之外，这种营销模式随处可见，无论是用餐、打车、娱乐、购物都会涉及类似应用。

按照现在的进展，微信平台正在致力于建设场景营销生态体系，其应用已经涉及我们生活的方方面面。微信增设的支付功能，更加方便了日常购物与其他经济应用。另外，支付宝等商家也已经开始布局场景营销系统建设。

5.1.2 场景营销在O2O模式中的两大优势

场景营销究竟有什么优势，能够引得网络巨头纷纷瞩目？（如图5-1）。

图5-1 场景营销在O2O模式中的两大优势

（1）逐渐培养用户的行为习惯

场景离不开身处其中的用户，用户在场景中能够认清自己的位置，将行为转化成具体的产品。

以微信红包为例，自2014年微信红包诞生以来，这个产品已经得到众多用户青睐，很多用户出于给好友发红包的目的而加入微信群体，传统节日的红包发送加强了亲朋好友之间的互动交流。这种行为方式到现在已经以习惯的形式存在于用户群体中。

（2）扩大营销范围

场景营销因能满足用户需求而吸引其不断参与，例如微信红包派送，能够引来众多用户关注，用户不仅从他人那里抢红包，也为好友派送红包；得到的礼券，除了可以自己使用，还能发给好友。可以看出，场景营销确实能够扩大营销范围，提高影响力。

当然，场景营销的前提是场景的构建，营销场景不局限于线下，也不用特定某个地点或周边事物的存在。消费者在应用某种产品或服务时会产生什么样的需要才是经营者应当关注的，如果在用户并不需要的情况下为其提供，就没有真正把握场景营销的技巧，用户还可能因此产生排斥心理。

网络平台与线下店铺的结合是O2O场景营销中比较关键的一部分。怎样才能将场景恰到好处地运用到营销中，提高用户的参与度呢？

如果是按照传统的广告宣传方式，在街头拉横幅广告，那么经过广告的大众要么被触动，要么完全抛之脑后。场景化营销应该做到有多少用户打电话咨询产品信息，企业就有多少订单量。但场景化实现后还应该关注怎样改变商品信息单向传播的局面，提高广大用户的参与度，找到用户更多的需求信息。这方面，可以借鉴微信查询附近商家优惠信息的做法。

5.1.3 引爆O2O场景：产品思维与营销工具的深度结合

场景营销需要做好哪些工作才能获得成功呢？（图5-2）

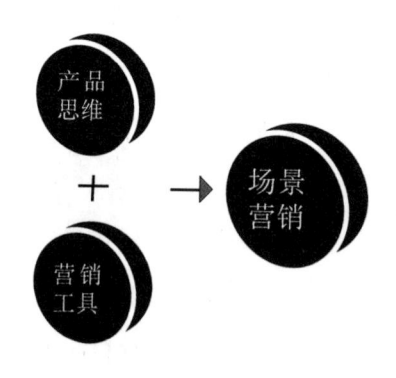

图5-2 场景营销的两大关键

（1）产品思维

如今的营销已经在传统营销的基础上发生了很大变化，商家需要在营销过程中保持场景化思维的更新和转换，之前的营销只是将产品信息推广给用户，不需要关注用户的使用情景，也无需提高用户参与度，如今这种营销方式已经行不通了，无论是新产品研发还是产品的推广营销，都要想办法发掘用户的需求。

举个例子，某用户在网络平台上购买机票，运营方提示他是否购买航空延误险，该用户有可能直接忽略掉这条信息，但是如果信息中显示九成的顾客都买了保险，该用户购买保险的可能性就大大提高了，这就是现实生活中比较典型的场景应用。如果经营者能够保持产品思维，对场景的运用也就更加灵活周到。

（2）营销工具

在进行产品营销时应当充分发挥营销工具的作用，比如微信平台提供的支付功能、卡券及红包派发功能、支付宝的钱包功能和红包派发等等，传统经营方式下的企业可以通过这些方式与线上经营平台相结合，逐渐培养用户的消费习惯，若企业自身能力允许，也可以建设自己的移动应用程序或微信公众平台。

利用营销工具，可以更好地实现场景应用。举个例子，用户想要去看电影，若影院有自己独立运营的App，用户不仅能够提前订座，还能在电影结束后发表评论，影院也可以采用O2O模式推出抽奖优惠活动，向中奖的消费者提供免费饮料或打折电影票，这种场景营销也比较典型。

所有人的生活都离不开场景，无论是在工作时、用餐时、娱乐时还是乘车时。如今这些场景被商家利用，进行产品营销与推广，这种场景化的营销与用户当前的需求息息相关，用户很容易就转换为消费者，也正是因为如此，场景营销能够取得不错的效果，而且不会使人产生排斥心理。如今，场景营销已经成为O2O模式的应用特点之一。

5.1.4 尚品宅配：未来家居O2O的场景应用模式

按照目前的总体发展情况来看，家居电商是电商领域中发展较慢的行业，不过该行业在O2O模式的应用上存在巨大潜力。如今，场景化营销正在如火如荼地进行着，O2O模式也将取得更加长足的发展，越来越多的目光聚集到家居电商行业，与场景化应用的结合会使该行业呈现出怎样的发展态势？

家居行业中不乏翘楚企业，比如知名度较高的宜家与尚品宅配（图5-3），前者注重消费者的个人体验，后者利用先进的图像呈现技术，打造私人定制家居。这类企业之所以能够受到众多用户青睐，原因在于其独到的经营思维。传统家居企业，应该学着转换视角，加深对电商领域的了解，寻求经营过程中的良性合作。只有这样，才能在激烈的竞争中争得一席之地。

图5-3 尚品宅配新居网

面对竞争，只有那些既掌握传统产业经营之道，又对互联网思维有足够了解的企业才能占据优势地位。而要突破长时间以来形成的思维禁锢，既需要明白传统产业的精髓，又要敢于尝试互联网思维方式。否则，即使深谙互联网经营，也会因为缺乏对传统产业的了解而找不出应对措施，这样是无法在竞争中取胜的。

家居电商怎样进行线上线下的结合发展？我曾认真研究过尚品宅配的经营方式，在这里，就以此为例展开分析。尚品宅配运用O2O及C2B商业模式（图5-4）后是否会使整个家居领域获得前所未有的发展？

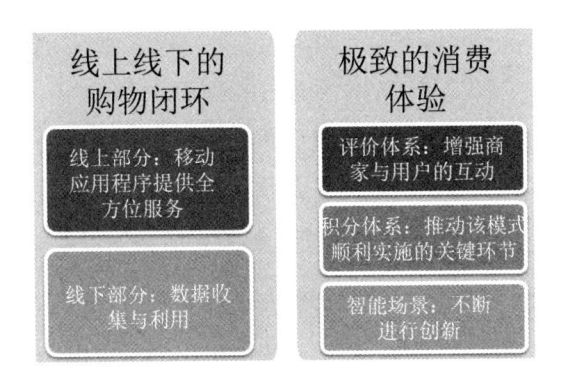

图5-4 尚品宅配的场景应用模式

（1）线上线下的购物闭环

①线上部分：移动应用程序提供全方位服务

家居企业独立经营移动应用程序，运用领先的技术功能，满足用户的多样化需求。

圆方家居设计软件的应用使尚品宅配在技术方面拥有领先优势，它能使用户通过App与尚品宅配进行互动沟通。用户可以启动手机终端App中的"3D云设计"应用，结合房屋的特点与个人偏好，来规划自己的家居配置，还能就此与他人交流。

在与他人交流家居设计的过程中，若用户的设计得到他人的认同，则可积累分数，凭借这些积分能够享受尚品宅配的优惠活动。

线上预约专业设计师。产品的私人定制将逐渐发展成主流，由不同设计师设计出来的产品具有自身特点。有些设计师擅长复古风格，平台会对其设计特点进行介绍，同时展示设计师的以往作品以及用户的评价等等。消费者可以综合自己的喜好，线上预约专业设计师，提高用户的参与度。

用户还能将自己的房屋户型以图片形式发送到平台上，之后便能收到适合该户型的家居设计，这和宜家采用 AR 实景为用户提供家居设计服务有共同之处，用户可以方便快捷地得到适合的参考方案，必然会青睐有加。如今的 App 应用逐渐普及，要抓住时机，及时确定一个引人注目的名字。

②线下部分：数据收集与利用

顾客到达尚品宅配线下实体店后，连接店内无线网，数据系统即可根据顾客输入的密码进行身份标记，之后顾客在店里查看过的商品信息和其光顾时间都能记录在案。这样，就能以 O2O 模式对顾客信息加以整合利用。

实体店的免费无线网络、导航及检测系统的设置，可以记录下用户在店内花费的时间和看过的商品，再与线上系统中用户的浏览内容相结合，就能估测出特定用户偏爱什么类型的家居。当然，用户之所以接受系统监测，是因为他们也能从中获得益处，比如，将在线时间转化为 App 积分。

若可以在手机客户端系统中运用 FRID（射频识别）技术，就能进一步提升用户的体验。这样一来，网络平台能够提供方案，实体店能够为用户提供周到服务，是对 O2O 模式的真正实践。

（2）极致的消费体验

①评价体系：增强商家与用户的互动

★顾客为设计师打分

一方面，方便用户从众多设计师中选出合自己心意的，接受服务并感觉满意的顾客自然会对设计师表示肯定，这种效应也会吸引更多顾客；另一方面，设计师会尽心尽力地为用户服务，这样就能得到用户认可，不仅满足了用户的核心需求，也是对自身实力的证明和提高。如此往复，企业就能逐渐提高自己的知名度，吸引更多的消费者。

当下的服务体系还有需要改进的地方。举个例子，有的用户支付后，设计师没有及时为其提供设计方案，或者提供了方案但其中存在问题。这时候，用户如果能够对服务人员进行评价，就能有效解决这类问题。

在服务结束之后，顾客根据实施情况对设计师乃至安装人员评价。如果顾客的评价显示对提供的服务不满意，企业会有专员进行处理，了解具体情况，减少客户的抱怨并及时弥补服务不妥的地方，以避免客户的流失。上级管理人员也可以据此了解员工的工作情况。

★用户对用户的评价

这一举措能够吸引更多人的参与，让大家就"家居设计"这一主题发表不同的看法。用户可以在自己设定家居方案的同时借鉴其他人方案中的优点，在互相评价中明晰自身的优势与不足之处。另外，这不仅能够迎合用户对好评的心理需求，还能获得 App 积分。

②积分体系：推动该模式顺利实施的关键环节

在顾客与设计师之间架起沟通的桥梁，是 O2O 模式实施的关键部分。

积分体系为消费者成为该品牌的 VIP 顾客提供了机会，用户可以凭借积分享受优惠，也可以在此基础上结合企业与自身需求进行更进一步的合作，满足双方需要。

将 VIP 顾客划分等级，每个等级都可以按公司规定享受一定的优惠。不过只有在注册 App 的前提下才能成为 VIP 顾客，会员也必须应用 App 才能获得相应的优惠，这样做的目的是培养用户逐渐养成使用手机应用的习惯。

也可以进一步完善应用程序的功能，允许消费者给自己满意的设计师支付额外的报酬，这样做，一方面能够增强顾客与设计师之间的沟通，另外，还能提高用户的依赖性。

一般情况下，购买家居商品的客户，身边好友在 2～5 年间会产生同样的需求。若客户对公司的服务满意，就会向其好友推荐这个品牌的商品，他们会出于对朋友的信任而购买该企业的商品。这就需要企业将服务做到极致，让客户满意而归。

企业在管理过程中，可收集相关信息，对工作人员的服务情况和具体业绩有清晰的把握，根据顾客需求进一步完善服务，评选出态度认真、对公司贡献大的员工，以此来作为人员调配的参考。除此之外，还可以参考VIP体系设定来打造针对设计人员的评分系统。

③智能场景：不断进行创新

由专业设计师提供的上门服务经尚品宅配推出后，被很多企业模仿。但尚品宅配毕竟在实践中积累了其他企业不具备的优势，今后还会有更多的创新思维出现。

智能场景将成为O2O的显著特征。智能家居联手家具产品，会让消费者的日常生活更加便利。

要提高当前家居场景的智能化水平，就要突破传统思维方式，在销售家具的过程中更加注重用户体验及商品的功能展示。同时，还要注重联手家居企业，完善服务，培养粉丝用户，将先进技术应用到家具商品中，以创意打动消费者。

传统产业切忌闭门造车，要敢于打破常规，给顾客提供更多的商品信息，激发其消费需求；要敢于迈出脚步，探索与自身情况相符的发展模式。

5.2 LBS +O2O：如何将定位消费场景与O2O有效结合？

5.2.1 "LBS +O2O"场景模式：消费半径上的精准营销

所谓LBS，指的是一种基于位置的服务，是通过种种手段来获取移动终端用户的位置信息，在地理信息系统的支持下为用户提供相应服务。LBS本身有两种意义：一是获取地理位置，二是据此来提供信息服务。

虽然这个概念提出的时间并不长，但发展历程却很久，20世纪70年代就已经在美国发源，进入21世纪形成位置服务的雏形。而在进入国内后虽也曾一度引起过热潮，但形式其实比较单一，大家最为熟悉的模式就是签到，企业以期通过获得的积分、勋章、邮票等来激励那些签到的用户带动消费。

然而，对于用户来说，签到带来的更多的是精神层面上的分享，而不是商业价值，所以当国内的社交媒体软件也配备了此项功能之后，用户就很快流失了，毕竟用户已经在那些平台上培养了固定的行为习惯，如果没有足够的契机完全没必要转战新兴平台。因此，基于此背景LBS产生了变异，出现了基于其功能之上的推荐消费模式。

（1）消费半径上的精准营销

提起团购，想必大家都不陌生，在其发展之初，团购的意义其实就是在数量规模上的一次性消费，吸引点就在于价格便宜，而且体验的时间也多放在节假日或是周末，消费者团购之后会花费较长的时间到商家去进行餐饮、看电影等方面的体验，多数都是一次性，很少能见回头客，即便有频率也不会很高。

这其实就是一个用户黏度低的问题。这样一来，商家并没有获得多少商业价值，团购的价值就相对地削弱了。所以，摆在商家面前的问题就是如何才能提高用户黏度。

其实，这一问题并不难解决，完全可以从推荐附近的商家做起。这里所谓的"附近"其实就是我们常说的消费半径，比如说一座写字楼里的白领，他们的"附近"指的就是这座写字楼的周边，步行基本在两站地之内，所以这个范围内的商家都可以向他们推荐，如此他们便不会花费太多时间就能即时消费。

如今，移动终端得到普及，网速、流量成了制约性因素，而诸多商家所提供的优惠券越来越多，用户的选择面变得非常广，如果不能提供令人心动的信息就很难抓住用户的眼球。那怎么才能做到对症下药呢？此时，LBS 的作用就凸显出来了。

5.2.2 "LBS+O2O"场景模式的四家典型代表企业

LBS 可以根据用户的位置来推荐相关信息，再配以个性化的定制功能，就能使用户轻松得到周边感兴趣的信息。用户进行体验之后，只要感觉不错就会变成回头客，甚至还会推荐给身边的朋友，这样就起到了口碑营销的效果，带动了消费。

下面我们就通过几家代表公司来进行具体的阐述。

（1）大众点评

以"点评"起家的大众点评在创始时并不被业界所看好，盈利也一直是一个极大的困扰，直到 2006 年才找准自己的定位，开始从电子优惠券、关键词推广入手，逐渐探索出属于自己的道路，最终在精准营销方面确定了发展方向。

基于如今比较火爆的 O2O 模式，大众点评选择了团购、优惠券以及推荐菜的方式，并结合百度地图提供的位置服务，采用支付宝、信用卡、储蓄卡等便捷支付方式（图 5-5）。

图 5-5 大众点评 App

在这方面大众点评其实是有着一定优势的，因为其成立时间长，囊括的内容非常丰富，且具备的功能也十分完善。比如说语音搜索功能够提升人机交互的体验，迷你地图将商家的具体位置都一一进行标记，提高了用户的识别度等等。

此外，大众点评的"个人中心"也设置得极为完善，不仅将点评、签到、关注等各项内容进行了整合，还扩大了用户的各项体验：除了能够随时添加关注之外，还能查看附近签到用户的评价并对其进行评论，增加用户与用户之间的互动；而且，用户还能够通过社交媒体将自己体验后觉得不错的商家分享给好友。

（2）切客网

切客网的前身是盛大旗下专注于旅游服务的游玩网，自2010年11月25日启用新域名，其名称的由来是日益壮大的切客一族。所谓切客，就是指那些热衷于使用移动终端来记录地理位置与生活轨迹的时尚潮人。

2011年之后，切客正式转战LBS+电子商务，运作模式是这样的：切客网根据用户位置的不同推送不同商家发布的团购信息，用户看到之后若是感兴趣便可以通过移动终端进行支付，到商家进行体验时只需要向收银员展示支付信息便可（图5-6）。

图5-6 切客手机版

切客网的方式与大众点评大体一致，不过多了一个商家促销；位置服务的支持方同样是百度地图；支付方式则多了盛付通的方式，并且加入了一些小游戏。

当然，切客网也有自己的优势与亮点，比如说应用界面比较直观，各个分工不同的部分也有着明确的空间分布；以鼓励用户签到为目的的优惠被专门归到了切客专享里面；即便是退出了手机客户端，应用仍然还会在后台运行并推荐附近的消费。

此外，在切客网的个人中心里还整合了微博的社交功能，这样一来，你就可以收到网站推荐的比较感兴趣的用户，并可加关注，之后便可发送私信，进行评论了。

（3）**手机买团购**

手机买团购（图5-7）是一个手机在线消费平台，目前来说在类似平台中称得上是最准确、最安全的。它所提供的信息都是全国通用的，大约覆盖了全国30多个城市、5万多户商家，用户可通过其就近购买11类产品。

图5-7 手机买团购

在O2O的模式下，手机买团购就像它的名字一样专注于团购，而其位置服务的支持方则是谷歌地图，支付方式为支付宝快捷支付，同时还加入一些应用下载。

手机买团购的优势很明显，就是简单明了，只要进入界面点击想要消费的分类，就可以出现附近商家，选择感兴趣的商家后会弹出一个界面，上面有可以直接拨打的电话号码，地图上会显示具体的位置，点击购买即可。同时，手机买团购也有明显的缺点，那就是手机支付功能在晚上是不能使用的，不过此时直接展示优惠券是可以的。

（4）团800

团800（图5-8）是2010年6月推出的一家专业的团购导航网站，有着极为丰富的团购信息，目前收录的每日团购信息已经覆盖了国内的近千家团购网站，为用户节省了逐个访问团购网站的时间。值得注意的是，团800不仅提供了团购信息，还提供了相关的点评、到期提醒、地图、二手转让等多种服务。

图5-8 团800

与手机买团购的 O2O 模式一样,团 800 同样专注于团购,并由百度地图来提供位置服务,支付方式则更为多样化,除了支付宝之外,信用卡、借记卡都可以使用。

团 800 的显著优势就是信息量极大,所以用户可以自己设置常用地址并进行保存,当想知道附近有什么商家时,便可以打开应用查看。正是因为信息量大,用户在查看相关信息时参考标准也比较多样,既能够按距离的远近来查看,也可以按照热度排行榜来查看。

更为有力的是,团 800 配置了相关的地图标记,用户可以通过百度地图来直接查看每个商家的具体方位。用户可以根据消费半径进行查看,对感兴趣的消费进行距离上的判断,并根据时间做出决定。如果用户的流量紧张,还可以选择无图模式,这样浏览起来会更加直接。此外,团 800 还与社交平台进行了整合,可以在国内诸多社交媒体进行分享。

所谓成也萧何败也萧何,团 800 的缺点也是信息量太大,消费者在选择购买时会跳转到其他团购网站,还需再次登录,操作起来比较麻烦,甚至还有团购是不支持手机支付的。

5.2.3 "LBS+O2O"模式的下一个突破点:强化社交功能

如今,市场上基于 O2O 模式与位置服务的商业模式已经有了明确的盈利方式,大致可分为四种不同的途径:一是广告,二是分销及差额交易,三是与商家的分成,四是网站分成(图 5-9)。盈利模式既已确定,那么这些公司之间日后的战争要拼什么呢?答案只有一个,那就是社交。

图 5-9 "LBS+O2O"模式的四种盈利途径

答案一出，可能就会有人质疑，毕竟 LBS 刚刚进入国内的时候就是与 SNS 进行结合，但结果并不理想，为什么现在又提及社交了呢？

其实，我们仔细观察一下如今发展得如火如荼的互联网公司，就会发现他们都有一个共同的特点，即社会化程度颇深。由此，我们便可得到一个结论，那就是社交的重要性不容忽视，而结合社交能否成功的关键则在于时机。当位置服务有了一定的用户规模，再结合社交的话就可以对用户之间的社交进行强化，也就能够驱动商业价值了。

①位置服务与兴趣社交

堪称为图片版 Twitter 的 Pinterest 之所以能够出现燎原之势的发展，是因为它抓住了兴趣图谱这一关键，这一网站基于兴趣把用户汇聚到一起，而有着共同兴趣的人则会对一张图片进行无数次转发，于是热度就被炒起来了。

其实，这就是我们常说的病毒营销。既如此，那么这些已经有了固定盈利模式的 O2O+LBS 企业应该如何合理地运用这一有力武器呢？或许他们可以从消费系列入手，并将兴趣融合进去，比如健身、聚餐、K 歌、骑行、远足等等，而聚集的人群既可以是朋友，也可以是陌生人，兴趣则是最重要的纽带。这样一来，许多陌生人就因为共同的兴趣汇聚到了一起。

在此种模式的企业里，实力最强的莫过于大众点评了，所以其他类似企业可以参考其成功的经验，最终使整个行业健康有序地向前发展。

②位置服务与熟人社交

Facebook之所以能有如今的规模，是因为它构建了一张包罗万象的社交网，正是因此才具备巨大的商业价值，而这个社交网其实就是一个基于朋友的关系网。那么，上述企业的用户中肯定会有熟人，无论是至交好友还是公司同事，甚至是网友，形形色色，这些企业的下一步发展战略就是深入挖掘出熟人的价值。

举个例子，当你在某天体验到了一种美味，并在大众点评上进行了评论，你的熟人看到后，很可能就会产生也去体验一下的想法，如此一来便促进了消费。

所以，摆在"O2O+LBS"企业面前的重任就是将用户的数据整合起来，进一步发展社交功能。

5.2.4 "地图+支付"场景模式：将场景嵌入O2O商业模式

"地图+支付"的场景形态是当前O2O场景中最基础的模式之一，其原因可以归结为地图和移动支付都具备线下交易入口的属性。高德地图创始人成从武也正是为此才与阿里巴巴展开广泛合作的，不得不说"地图+支付"的场景形态也为当前的市场营销带来诸多启示。

"地图+支付"场景形态的大规模兴起源于2014年春节前后。电商巨头们在移动互联网的发展大潮中看到了O2O模式的巨大发展前景，于是纷纷选择这种模式。然而要想在O2O领域占据有利地位，仅做好网站管理、市场调

场景营销：
大连接时代的"营销颠覆者"

研是称不上成功的，移动支付和地图已经成为团购订餐软件、打车应用这些O2O直观表现者更加注重的问题。

人们渴望更加便捷的生活方式，地图与移动支付的结合就成为大势所趋。当然谈到"地图+支付"场景形态火爆的原因还要通过具体的实例来分析（图5-10）。

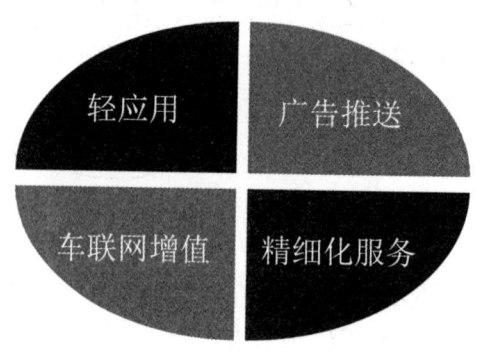

图5-10 "地图+支付"场景模式的4大优势

（1）角度一：轻应用

所谓的轻应用没有准确定义，简单来说就是无需下载，根据用户需求实现随搜随用的便捷应用。

举例来说，我们需要钟点工来打扫房间，有必要为此安装一个独立的App吗？我们需要找一个代驾师傅，有必要在安装独立App之后再找吗？如果拥有一个地图App，我们就可以在地图上找到其入口直接使用，而不需要为了某些不常用的功能下载诸多App。

当然这些并不常用的App已经以相当快的速度发展起来了，比如滴滴出行、饿了么外卖等都在O2O领域占据了相当重要的地位。但是地图作为基础应用，若能够提供足够的功能入口，再加上移动支付的便捷性，将会在O2O领域大展拳脚。

（2）角度二：广告推送

广告是产品推广的首要方式，然而评判一个广告的好坏不仅要看其是否展现出产品的特性、品牌的内涵，更重要的是它的展现时机是否符合消费者的意愿，否则广告就变成了骚扰。当你口渴正要订一杯咖啡时，星巴克员工将一杯咖啡送到你手里，这不正表现了广告推送时机的重要性吗？

"地图+支付"的场景形态对于广告推广来说颇具优势。我们设想一下，当我们走进某个商圈，移动设备上的地图应用会根据我们所在的地理位置以及对之前购买经历的分析为我们推荐附近的餐饮小吃或某类物品的促销信息，若是使用弹出的优惠券还可以获得打折优惠。

面对这类广告我们一般会有两种选择：一是视若无睹，选择关闭该类消息；二是在心动之后使用优惠券下单、支付。如果是第二种结果，商家实际上是借助"地图+支付"场景来实现营销的，而设置该场景的公司则可以获得广告费，这种明确的广告途径无疑会给商家带来更多的销售机会。

（3）角度三：精细化服务

很多人将本地生活服务质量差归结为商家管理不到位，但是我们应该意识到这只是一方面的原因。我们的消费也许没能让商家赚到足够的钱来支付服务人员期待的薪金，服务人员再热情的服务也得不到小费，有时候还要给我们开发票，这种状况下我们必然得不到高质量的服务。

团购之所以越来越火爆，就是因为商家从消费者的提前支付中获得了一种安全感，更愿意为消费者提供满意的服务。从这点来看，提前支付或即时支付更有助于消费者获得优质服务。

简单举例，我们去某地旅游购买了许多特产，为了方便继续旅行我们可以请求店家代为保管或直接送到机场，当然这需要我们提前支付并获取物品的存放位置，以便离开时可以直接到机场提取。

除此之外，许多餐饮商家也是要求提前付费的，比如星巴克就需要先付款再品尝，这已经成为大家的共识。提供生活餐饮服务的本地商家可以学习这种方式，在提高营业额的同时，也逐渐改善自身的服务。

（4）角度四：车联网增值

地图是汽车导航的必要设备，若将"地图+支付"应用在车联网中，加上车联网中的数据，将会给人们的出行、生活带来更多的便利。

举个简单的例子：当你在开车回家的路上突然想吃棒约翰的比萨时，你是会选择花几分钟时间开车到比萨店现点并等上十分钟，还是会借助"地图+支付"的方式在车上语音预约、提前支付，当抵达棒约翰时就可以直接取走呢？当然是后者，这种便捷的方式既节省了时间，又让你享受到了更热情的服务。

随着私家车越来越多，停车变成一件不容易的事情，但是"地图+支付"的场景形态却可以帮助车主减少这样的烦恼。假如我们正在某停车场附近，车联网系统会提示我们是否有车位，若是没有我们可以直奔下一个停车点；若是有空闲车位，我们就可以提前支付，到达之后直接停车，离开时自动扣款结算。这就将停车变成一件相对简单的事情。

融合店铺展示、促销活动、支付评价、会员服务等环节于一体的完善系统是每个商家都渴望拥有的，然而就当前的发展状况来看，这必然需要高科技终端的帮助，就像网店店主凭借淘宝这个制度规范相对完善的平台来实现自己的创业梦想一样。不论是讨论的热火朝天的雕爷牛腩，还是持续火爆的黄太吉煎饼，背后隐藏的都是创业者们渴望实现的梦想。

有诉求必然会有创新，而这种创新就体现在O2O商业规范的创立上。"地图+支付"模式必将为O2O商圈提供更多的成功范例，而其衍生的商业模式也会帮助前沿商家得到更多的提升。

我们可以想象，在不久的将来当我们到达鼓浪屿的时候，可以借助Wi-Fi下载卡通地图，这张地图不仅有准确的店铺地址、街道景点，还有详细的店铺优惠，我们可以通过它到任何想去的地方，相信很多游客会选择这样的地图来丰富自己的行程。当然进驻地图的商户必须要通过诚信审核并缴纳一定的推广宣传费用。

在 BAT 三大巨头中，阿里巴巴和腾讯已经先行获取地图和移动支付并展开了诸多行动，百度作为第二梯队紧随其后。相信巨头们将会以最快的速度搭建平台，使大企业、小店铺都出现在用户的搜索范围之内，从而享受到更加便捷的生活；巨头们也会为商家提供网上终端，使各类商家都可以享受到移动互联网带来的便利。

5.3 案例解析：如何在场景营销模式下玩转O2O？

5.3.1 微车：车联网时代，微车O2O模式的制胜秘诀

移动互联网在中国兴起至今仅有十几年的时间，但却改变了传统的商业环境，"互联网+"模式延伸到各个领域，传统型企业也不得不开始自己的转型之战，当然最重要的还是移动互联网大潮下所诞生的众多"敢于吃螃蟹"的创业者们，正是他们的创新才使我们的生活更加方便快捷。

汽车互联网可以说是最能方便我们生活的行业创新，然而要想在激烈的汽车互联网市场中站稳脚跟并不是一件容易的事，多少汽车互联网创业公司高开低走，能够存活下来的必然是颇具实力和特色的企业。"微车"开创了车主们的移动车生活，下面我们就从两个方面来深入分析"微车"成功的因素（图5-11）。

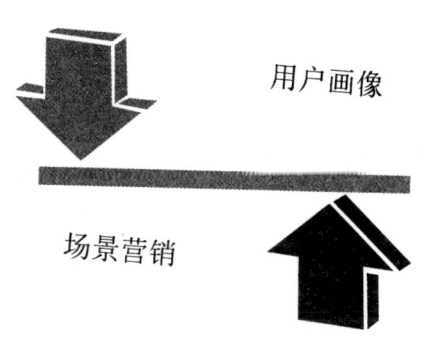

图5-11 "微车"成功的两大因素

场景营销：
大连接时代的"营销颠覆者"

（1）用户画像是"微车"成功的第一重因素

①什么是用户画像？

在移动互联网时代，跨界合作、资源整合、新媒体营销等方式已经成为互联网企业实现自身发展的首要选择，而这必然离不开大数据技术的应用，企业更注重利用大数据来挖掘潜在的商业价值。

大数据平台可以更便利地帮助企业获得用户的反馈信息，数据之间的频繁交互有助于企业对数据的挖掘，这为企业发展提供了足够的数据基础，由此"用户画像"的概念就悄然而生，成为企业大数据应用的根基。

所谓"用户画像"就是根据企业收集到的性别、年龄、学历等社会属性信息和生活习惯、购买需求等消费行为信息所提炼出来的高度精练的用户信息标签。根据标签的特征对用户进行分类，同一类型的画像模型不仅在社会属性、消费习惯上有相似之处，甚至有相同的思维模式，这种标准化模式就为企业的信息提炼提供了便利（图5-12）。

图5-12 用户画像示例

②如何利用用户画像做精准营销？

2015年5月，微车收集了300多个城市的驾驶数据，并发布了微车大数据报告。报告涵盖了不同层次的消费者，从一线城市到二三线城市均有涉及，对消费者的不同出行时间以及不同出行习惯做出了详细统计。

其中，微车利用其独有的On Road运动识别模型做出用户路径的识别管理，

· 200 ·

由此判断出车主生活轨迹的覆盖范围。这类调查为微车未来运营中进军汽车市场打下了良好基础。

报告显示，微车在2014年到2015年间覆盖了国内400个城市，服务车友超过6500万。微车的App激活用户达到1700万，拥有100万支付宝用户和50万微信用户。同时微车还提供车险、代办、代驾等服务，该类服务每月的交易总额达到600万元。

如此之大的流量数据为微车提供了庞大的用户信息，而这也帮助微车实现了用户画像的提炼，根据所在地域、消费习惯、出行方式的不同提取标准化的用户模型，从而为各类用户提供最精准的信息推送。

微车用户画像的提炼主要从两个方面入手：

★分析种子用户特征，挖掘出忠实用户、核心用户、目标用户与潜在用户

微车自创办之初就以车主服务门户自居，迅速积累了大量的忠实用户和核心用户，各类数据的收集、挖掘使之成为一个综合性的数据平台。面对移动互联网的兴起，QQ、微信、公众号成为微车维护粉丝热度的新手段，据悉其微信公众号的关注用户已超过百万。微车根据这些移动行为数据来分析客户的喜好和需求，从而为用户提供更贴心的服务。

"微油站"是微车在2015年7月上线的加油项目，微车可以根据On Road运动识别模型来收集用户的行车轨迹数据，为加油站提供了更多目标客户和潜在客户，实现加油站油品销量的提升。

微车用户可以利用在线支付享受9折优惠，而且无需下车排队，十分方便。微车布局"互联网+"的油站市场着实是创新之举。

★及时复盘，剖析用户反馈行为数据

微车之所以能够在几年的时间内发展众多用户，提炼出更具标签化的用户画像，很大程度上是依靠自身的及时复盘总结。微车会在一段时间的推广营销之后进行反思：自己的产品是否满足客户需求、当前的营销模式是否领先于业

场景营销：
大连接时代的"营销颠覆者"

内其他企业、产品是否根据用户反馈做出及时调整等等，微车正是根据这些阶段内数据为企业之后的营销推广提出了更合理的发展规划。

微车借助每季度推出的大数据报告对用户的反馈行为进行多角度剖析，根据微车App是否在一定程度上满足用户需求来判断营销推广成果，这种以用户反馈为基础的复盘反思会增强用户对企业的信赖程度，从而使企业提炼出更加精准的用户画像。

（2）做好场景营销是"微车"成功的第二重因素

①什么是场景营销？

场景营销是一种全新的营销理念，是针对网民在上网过程中始终处于输入场景、搜索场景、浏览场景这一现状提出来的。

随着O2O模式出现，场景营销不再局限于线上，线下商家也希望消费者可以在场景体验中感受产品价值，无论是大型商超，还是地摊百货，都开始注重场景设置。相对来说，线下场景的创新空间更大一些，这有助于商家更好地展示产品，并借助营销推广的暗示获得消费者青睐，最终形成口碑传播，实现企业良性发展。

成功的场景营销不仅要在产品上下工夫，精彩的企业故事、动人的企业文化也是构建场景的关键因素。能使消费者产生共鸣的故事和情怀是打造令人难忘的场景的重要基础。有时候我们买的不是产品，而是那份能够让自己感动的情怀。不得不说场景营销卖的不只是产品，还有企业令人动容的文化内涵。

②如何通过场景营销帮用户养成使用习惯？

移动互联网的发展催生了众多App，但是能够长时间受青睐的App却不多，这些成功的App都有共同的特征：好看的UI、简单易行的操作，当然最重要的是为用户营造了舒适的使用场景。这个场景既向用户传递了自己渴望传达的内容，也提供了完善的分享机制，使消费者能获得完美的产品体验。

微车的成功正是将这些App特征发挥到了极致（图5-13）。微车首先看到汽车互联网空缺的车后服务市场，从查违章代缴费这种用户需求高的服务切入，在短短两年时间内把握了十万亿级的车后服务市场。

图 5-13 微车 App

2015 年 7 月上线的"微油站"项目，更是以培养用户线上扫码付加油款的习惯为己任，这就为微车打造精准的使用场景提出了更高的要求。

★精心设计使用场景，让线上产品不浪费流量

用户下载使用 App 主要是为了满足自身需求，但是 App 是否具备舒适的用户界面、良好的交互体验和分享机制是其是否会长期使用的重要衡量标准。

微车 App 为用户提供了简单易行的操作界面，各类业务一目了然，方便用户查找使用。除此之外，微车驿站和跑马灯的设计不仅独具新意，用户还能够借此看到微车的全新动态，方便及时反馈。

微车以流量切入市场，其数据流量是其他同行无法比拟的。微车这种以流量著称的综合性数据平台已成为汽车互联网市场中厂商们竞相追逐的对象，比

如免费打车软件滴滴出行。

★跨界合作、商家联盟、互联网落地帮用户养成固有习惯

对于企业来说，为用户提供一个能够通畅交流的窗口有利于用户养成习惯，通过交流窗口企业可以有效解决客户在使用过程中出现的问题，了解其不断形成的新需要。

此外，以互联网O2O平台为载体的跨界合作也应同时进行，这样一来企业可以使互联网项目与消费者群体真正结合，并通过与消费者之间的换位思考来切实找到其需求痛点，从而解决实际问题。

"互联网+"油站项目推出之后，微车在很大程度上增强了周边用户的聚合度，甚至很多用户与油站的工作人员建立了不错的关系。通过短短两个月的时间，微车上线油站的数量已过百，待上线油站数量逾500，日均消费数量大大增加，每天每个加油站平均50单。与微车合作的加油站尝到甜头，平均交易量提升了12.45%，最高单日交易量甚至提升了356.28%。

面对移动互联网浪潮，伯克的"不要依据过去来策划未来"要牢记于心，互联网时代的时刻变化意味着我们要有选择地借鉴，而非全盘接受，这样才能够在O2O红海中扬帆远航。

5.3.2 世茂股份：构建O2O场景模式，打破传统O2O逻辑

以互联网等新因素引爆的新时代，对于商业领域来说既是机遇又是挑战，对于地产商来说更是如此。在移动互联网与各种智能设备的助力下，消费者的浏览以及消费行为都得到了极大的解放，人们的生活习惯也在不知不觉中发生着改变。

O2O平台不断被各行业应用，从餐饮、电影到各种服务，现在已经蔓延

到房地产领域。

在"互联网+"模式影响下，不少地产的运营者开始关注O2O战略，以期望在这个新的时期能够抓住机遇完成转型。但一旦进入实践，不少运营商又发现战略的实现并不简单，实力一旦跟不上就很容易湮没在互联网大潮中。

尽管如此，很多有实力的企业依旧不愿意放过这一难得的机遇，例如上市企业世茂股份，在对O2O大潮进行了一个阶段的观察和研究之后终于下定决心参与到这个领域的激烈竞争中。

（1）世茂股份O2O平台基本模式

我们可以得知，世茂股份与艾普科美联手打造了世茂O2O平台，同时开发了相关的App。世茂O2O推出的首批产品以世茂广场项目为主，后期产品将经历一个快速更新迭代的过程，在这一过程中推动产品升级。

同时，世茂还将O2O产品推向其在十余个城市已经开发的综合体项目。世茂O2O将打造立足于O2O场景模式的平台，真正做到为消费者量身打造消费场景，一切变化都以消费者为中心。

什么是O2O场景模式？

具体来说就是以顾客的时间、地点、消费习惯为中心，从时间、地点、人物等几个要素出发进行场景模拟，从而切中消费者的需求痛点，实现营销的精准定位。这一场景模拟突破了传统的单一线上或者线下的模式，抓住人本、互联等内涵，打通线上线下渠道，增强线上线下的互动，使消费者的行为可以同时渗透线上和线下，真正做到了互通有无，二者功能融会贯通。

世茂O2O具体从以下三个方面进行发力，打造世茂O2O场景营销。

①通过累积用户场景体验和购买行为的数据资源，建立智能场景卡，精准定位顾客需求

在世茂O2O使用过程中，消费者通过使用商场覆盖的免费Wi-Fi会留下逛街路径，或者购物消费记录，世茂可以获取这些数据。当数据不断累加之后，

世茂便可以对消费者的消费习惯、偏好等进行数据分析，从而为客户端的信息推送提供依据（图5-14）。

这样一来商场与用户之间就不再是信息推送与被动接受的关系，二者之间的互动可以有效增加，双方的契合度、黏合度也会大大提升。有针对性的信息推送可以优化推送效果，同时避免因无用信息引起客户反感而导致口碑下降的情况。

图5-14 智能场景卡

智能场景卡的设立需要根据地域等差异来植入共同或有差异的功能，世茂O2O平台便注意到这一点，在全面调查不同地域商业、商家发展的前提下，收集不同商圈发展的特点，将各个商家的信息收入进去，例如打折信息查询、影院取票、停车位、最近活动等等。

此外，用户的个性化需求也被照顾得很周到，例如星座运势、天气变化等等，真正迎合了互联网丰富化、个性化发展的新趋势。

②以互动体验强化 O2O 场景概念

互动体验是 O2O 场景感得以实现的重要途径之一，世茂引进了互动体验设备来增强体验效果，例如智能魔力屏：当顾客在大屏幕前驻足，屏幕便可以分析顾客的特征、喜好等，展示出个性化的内容（图 5-15）。

根据调查显示，有相当一部分客户进入商场时并没有很强的目的性，这时候商场的服务和个性化体验的重要性就凸显出来了。

图 5-15 智能魔力屏

智能魔力屏是一项利用智能技术实践场景理念的突破性技术，他们希望利用这一互动体验引起顾客的关注，把顾客由"低头族"变为"逛街族"。

智能魔力屏最大限度地减少了交互的过程，而这种最自然的交互是最容易使顾客参与其中的。虽然现在手机利用率极高，扫码、摇一摇都是十分流行的方式，但是魔力屏却摆脱了这一媒介，让用户在不知不觉中就参与到互动中来。

在未来，互动体验的应用范围将越来越广，甚至会突破商场线下面积的界限拓展到更广的区域中去。这种局限的突破可以增加坪效，从而进一步提升营销效果。

也就是说，场景的营造不再仅仅依靠商场，用户通过O2O平台或App不管是在商场环境中还是户外区域都可以参与到商场活动中来，如此一来商场的口碑便在不觉中得到分享，品牌形象于无形中不断提升。商场的营销遍布于用户的生活环境中，每一个接触点都可能成为营销成功的载体，当营销场景与用户生活场景不动声色地重合时，营销成功率便大大提升了。

③借助互联网数据和思维支撑O2O平台发展

O2O平台对消费者的行为进行分析，从而根据消费者的消费习惯、喜好等为其打上不同的标签，这一切的实现以及其实现的准确度都需要互联网数据和思维的有力支撑。

世茂股份通过相关数据的收集对消费行为和消费路径等进行合理而有根据的推演，逐步提高具有针对性的精细化管理，挖掘消费需求，实现营销精准化。是大数据作用于地产的最大价值之一。

通过分析我们可以看出，世茂O2O平台正在力图打造一种有别于传统电商的平台模式，即以人本、互联、迭代、互动等为轴心的O2O商业创新模式。接下来，世茂将更加注重场景与顾客之间触电摩擦出来的火花，在O2O 1.0版本的基础上打造更加完善的O2O生态链（图5-16），对O2O平台功能进行全面优化升级。

图 5-16 O2O 生态链

（2）世茂股份为何要开启 O2O 计划？

作为地产上市公司的大鳄，世茂股份拥有极为成熟的生态体系，旗下坐拥包括酒店和文化传媒在内的多样化产业，那么为何它会开启 O2O 计划呢？

显然，世茂是在面对新的互联网环境，使自己回归到创业之初的心境，以全新的思维方式加入到这场博弈当中。世茂绝不仅仅是尝试而已，从它为打造 O2O 平台做的大量工作以及全项目的覆盖就可以看出，世茂是在利用新的模式博取更好的发展。

此外，世茂也在试图改变传统移动互联 O2O 所呈现出的固有状态：一是以互联网基因作为基础发展的公司，线上支付引导线下消费；二是传统企业联合互联网模式，在线下平台的基础上展开线上推广。前者的压力在于随着模式的发展揽客成本加重,后者的缺陷在于从线上导流到线下的过程还存在很多问题。

世茂股份力图通过互联网思维和移动互联技术打破固有的商业模式,在回归商业本质的前提下,采用新型多样化的形式,增强与用户之间的黏性,提高用户体验,于不断更迭的时代中确立不败优势。

第 6 章

O2M 营销：打造以消费体验为中心的全场景购物模式

6.1 场景+渠道：移动互联网时代的渠道场景模式

6.1.1 场景与渠道的概念划分

渠道在传统的市场营销中占据着举足轻重的地位，但随着移动互联网的发展，时间呈碎片化状态，渠道逐渐边缘化，场景成为O2M时代的焦点。那么，渠道与场景之间又有什么区别呢？

渠道原指水流的通道，后被引申到商业领域，用以描述商品在企业与消费者之间的流通路线。

但是，随着移动互联网的发展，消费者的地位逐渐得到提升，渠道不能仅局限于产品的流通管道，还应关注用户的主体地位。因此，在O2M时代，渠道指消费者购买产品或服务的平台。

互联网的出现将渠道划分为线上渠道和线下渠道。

★线上渠道：主要负责为用户提供服务平台，包括以阿里巴巴为代表的B2B平台，以天猫为代表的B2C平台，以淘宝为代表的C2C平台和以乐蜂网、酒仙网、聚美网等为代表的电商平台。

★线下渠道：主要负责为用户提供体验服务，包括经销商、代理商、批发商以及零售商等渠道。

传统意义上的场景，尤其是购物场景，主要指的是商家通过一定的方式吸引消费者在特定的场合购买其提供的产品或服务。但是，在移动互联网时代，消费者在交易活动中的地位得以提升，他们更加注重个性化、定制化的体验。因此 O2M 时代的场景除了强调商家为消费者构建特定的购物环境外，也更加强调为消费者提供个性化的服务，满足他们的长尾需求。

场景主要由渠道场景和渠道外场景组成。渠道场景是充分利用各种渠道达到成功交易的目的，而渠道外场景则不需借助渠道就可完成交易。这意味着消费者的购物渠道扩大了，可以利用渠道场景和渠道外场景更方便地进行交易。

场景与渠道的关系密切，场景包含渠道，渠道附属于场景。具体来说就是，消费者通过某一渠道完成交易属于购物场景，但并非消费者所有的交易行为都是通过一定渠道完成的。

场景覆盖的范围极为广泛，有购物、传播、广告等多种场景。同时，传播场景和广告场景还能够细分为传播渠道、广告渠道等。

6.1.2　如何打造基于渠道构建的 O2M 场景？

从场景与渠道之间关系的密切程度看，可以把购物场景分为三大类（图 6-1）。

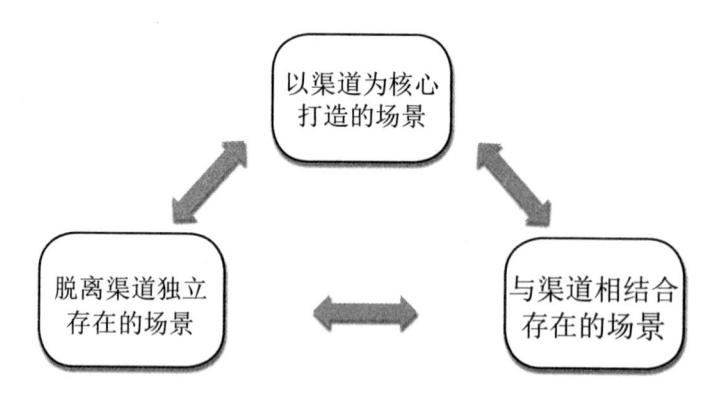

图 6-1　购物场景的三大分类

第6章
O2M营销：打造以消费体验为中心的全场景购物模式

★**以渠道为核心打造的场景**：渠道在场景中占据中心位置。

★**与渠道相结合存在的场景**：场景不再以渠道为中心，两者属于并列关系。

★**脱离渠道独立存在的场景**：商家为消费者提供的所有产品和服务，包括产品展示、产品交易、客户服务、消费体验等环节，可以在任何渠道进行，或者消费者在完成一次购物体验的过程中可以采用多种渠道。

根据渠道与场景的不同密切程度，可以打造不同的场景。在移动互联网时代，基于渠道构建的场景主要在移动端发挥作用，同时又要兼顾传统的渠道。

（1）先要填补渠道空白

在O2M时代，线上、线下、移动端三方构成了全网渠道模式，而打造购物场景，则需覆盖这三大渠道。传统的购物场景已实现了覆盖线上线下渠道，而移动端这一渠道却一直处于空白状态。因此，移动互联网时代的场景构建更应以移动端为主，打造覆盖全网渠道的购物场景。

（2）为移动端渠道打造配套齐全的线上线下的基础设施

打造覆盖全网渠道的购物场景需要以移动端为核心，并辅以线上线下渠道的配合。

线上方面主要从价格体系、会员服务及引流等方面配合移动端渠道的建立。相对来说，线下渠道则从更多环节为移动端提供辅助，主要有实体门店和各种活动现场、本地化服务对线上和移动端的流量导引、产品供应、物流仓储等。

国美的"线上+线下=移动端"的O2M全网渠道模式就是电子商务打造场景的典型代表。它充分挖掘线上渠道的发展潜力，打通各个渠道间的界限，并与线下渠道相互配合，为消费者构建"线上+线下"的购物场景；移动端在消费者的购物过程中扮演着重要角色，通过移动端，消费者可以进行店内比价、下单、交易等活动，不同于传统的线下交易或者移动端交易。此外，国美也充分发挥供应链的作用，为"线上+线下=移动端"的全网渠道模式提供支撑。

6.1.3 如何打造脱离渠道的独立场景？

依托渠道的场景打造方式比较简单，而打造脱离渠道独立存在的场景则相对比较复杂，需要在脱离渠道的前提下，完成以下六个环节（图6-2）。

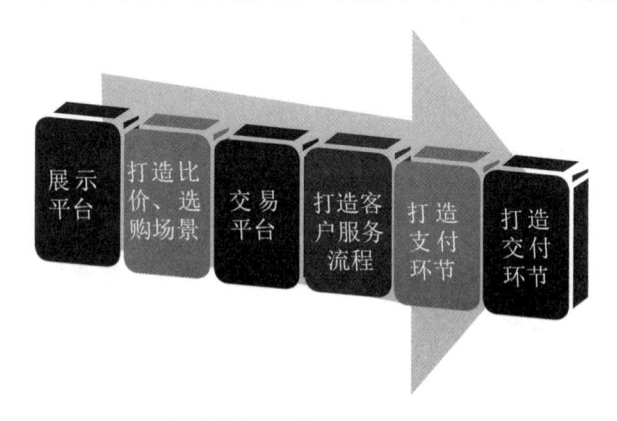

图6-2 打造脱离渠道的独立场景的六个环节

（1）展示平台

无论有没有可以依托的渠道，打造场景的首要环节都是要有展示产品的平台。只有这样，企业才能树立良好的品牌形象，同时又能满足消费者的个性化需求。因此，企业在实现闭环的场景过程中，首先要做的就是搭建产品的展示平台，让更多的消费者了解企业的产品和文化。

（2）打造比价、选购场景

企业要做的第二环节是打造比价、选购场景，以吸引消费者的注意力，引起他们的购物欲望。打造比价就是要为消费者提供消费数据，让消费者在自由选择的前提下购买企业的产品或服务。物美价廉、性价比高的产品更容易激发消费者的购买欲望。

（3）交易平台

消费者决定购买公司的产品之后，还需要有一个平台辅助完成交易，主要包括如何下单、确定购买、填写资料、提交订单等。

（4）打造客户服务流程

在消费者购买公司的产品的过程中，企业也需要安排专门的人员为顾客解答疑惑和问题，吸引顾客进行消费；而在顾客完成交易之后，企业也要做好售后服务工作，从而形成用户黏性和忠诚度。

（5）打造支付环节

支付环节在交易过程中十分重要。如果消费者决定购买公司的产品，但由于支付环节存在漏洞而导致客户放弃购买，则会对企业造成巨大损失。选择哪种支付方式，完成支付后能否及时收到商品，顾客自身的权益是否有保障等，是顾客十分关注的问题，同时这些问题也关系着企业能否成功打造购物场景。

2014年，支付宝推出了"KungFu"（空付）的全新设计理念。支付宝空付技术可以通过扫描授权、设置限额，让所有的实物都具有支付功能。用户在进行购物时，只要出示某一特定的实物，就可以完成交易。

基于空付打造的购物场景不同于传统的购物场景：消费者将自己的戒指、服装或者装饰物等通过扫描授权、设置限额，赋予它们支付的功能，然后便可以不带手机或者钱包随意进入商场进行消费。在支付环节，只要出示这些实物即可。

（6）打造交付环节

消费者完成下单并确认支付后，便等待商家为其发货。如何将商品交付到消费者的手中是商家必须解决的问题。

名门闺秀的微信营销便是打造非渠道场景的典型代表，通过微信公众平台它完成了145万的销售额。它打造的是脱离渠道独立存在的场景，将微信作为产品展示的平台，树立企业良好的品牌形象；将电话和微信作为客户服务的工具；支付手段采取的是银行卡转账、微信支付等方式；至于交付方式，名门闺秀除了采取传统的物流方式外，还充分利用线下朋友聚会的便利渠道，最终形成了一个以微信为核心的闭合购物场景。

此外，传播场景、互动场景、广告场景等的构建与购物场景大同小异，不再一一赘述。

6.1.4 "场景+渠道"模式对 O2M 的战略意义

在 O2M 时代，场景和渠道主要有以下几大意义（图 6-3）。

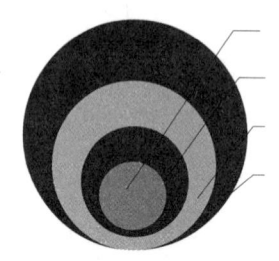

- 用户的活动平台
- 文本的载体
- O2M 战略的价值框架
- O2M 战略的兑现方式

图 6-3 "场景+渠道"模式对 O2M 的战略意义

（1）用户的活动平台

场景和渠道的建立为用户提供了活动平台，用户可以在这个平台上体验到个性化的服务。在从 Online To Mobile 或 Offline To Mobile 到移动端的转型过程中，用户可以借助场景和渠道提供的平台，选择喜爱的商品，并与企业进行交易、交付等活动，以此加强与企业之间的联系。

同时，企业也可以通过活动平台及时了解用户的需求，转变营销策略，构建个性化的购物场景，吸引用户消费。

（2）文本的载体

文本可以引起消费者对企业产品的注意，引导他们进一步了解产品的信息，激发他们的购买欲望，但文本的传输需要依托一定的载体，而场景和渠道恰好能够充当文本的载体。企业在了解消费者的需求后，制定了精准的营销战略，只需要将这些完整的文本放到特定的场景和移动渠道中，就能够实现吸引消费者的目的。

（3）O2M战略的价值框架

场景和渠道为企业提供了文本的载体，可以及时向消费者推送最新的产品信息，从而将企业与消费者密切联系起来，但是在O2M时代，仅仅从物质层面还无法吸引消费者购买商品。移动互联网的发展为消费者提供了便利的购物渠道，但随之而来的信誉问题也成为困扰消费者的难题。因此，企业更应该加强诚信建设，增强消费者对企业的信任感。

场景和渠道的建设为O2M战略提供了诚信价值框架，消费者可以放心购物，同时也将产品的价值最大限度地展现出来。

一方面，在场景中，产品自身的价值被最大限度地展示出来，得到消费者的认可；另一方面，场景和渠道还为企业和产品带来增值价值。同样的产品在不同的场景和渠道中，会给消费者带来不同的购物体验。

（4）O2M战略的兑现方式

文本是企业对消费者需求的基本呈现形式，而场景和渠道则决定着企业产品的销量。只有依托场景和渠道，产品才能引起消费者的注意，进行交流、交易、交付等活动，从而实现高销售量。除此之外，企业为消费者提供的客户服务、产品的售后服务等，也都只能在场景和渠道中完成。

6.2 O2M 场景实践:"线上流量+线下场景"的相互转化与融合

6.2.1 Online:将线上流量转移到移动端

移动互联网时代出现了多种新型的商业模式,作为电商新模式的 O2M 模式(图 6-4)也在此时兴起,它主要包括两种形式:Online To Mobile(线上电商与移动互联网的结合)与 Offline To Mobile(线下电商与移动互联网的结合)。线上线下各有各的玩法,下面我们来谈一下如何做好 Online To Mobile 模式。

图 6-4 O2M 模式的两种形式

要使线上的流量转移到移动端需要进行相应的战略调整,现在线上的调整主要以企业拥有的平台为核心,企业将上下游资源进行整合,以便更加高效地将线上流量向移动端转移(图 6-5)。

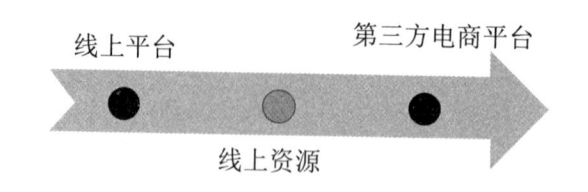

图 6-5 将线上流量转移到移动端的三大关键

（1）线上平台的调整

企业自主经营的线上平台本质上是围绕企业官网所进行的网络营销，企业无需借助庞大的外部资源，只依靠自身力量就能完成，目前已经发展成为企业主要的网络营销手段。

传统的网络营销凭借信息传播技术，通过各种媒介渠道、软件工具等进行各种线上活动、营销推广、优化搜索引擎，在网络用户中广泛开展营销活动，再加上一些配套的客户管理措施，使企业实现利益最大化。

本质上，凡是利用互联网所进行的市场营销，或者是为进行市场营销活动而采用的产品的材质、外形、价格等方面的调整都是一种网络营销。

①营销体系的构建

企业所进行的传统网络营销主要涉及四个体系：平台体系、发出体系、引入体系、转化体系。下面分析一下传统企业的网络营销过程：

★平台搭建。网络营销平台的建立成果是一个（或者多个）企业官网，按功能划分为两类：宣传平台与销售平台。营销平台是企业进行网络营销的核心所在，后续所有的网络营销都要围绕这一平台进行。

★流量引入。借助 SEM（搜索引擎营销）、广告营销、视频营销等手段将用户流量引入企业营销平台。

★信息发出。为了更大程度上发挥企业网络营销平台的作用，以网络营销平台为基础，通过线上的邮件营销、电子杂志、广告视频等以及线下的传真、单页、画册等实现信息发出。信息发出的最终目的还是要实现流量的引入，当然接收引入流量的不仅是线上的网络营销平台，企业的线下活动或者是会议营销等都可以接收用户流量。

★流量转化。企业的网络营销平台接收用户流量后将其转化为实际的产品销量与会员。

以上就是绝大多数企业采用的传统网络营销模式。另外，还有一些以品牌推广为主的企业采用与第三方广告公司合作的网络营销模式，通过将传统的网络营销方式进行调整，从而实现从线上向移动端的流量转移。

下面对这种调整进行详细说明。

★搭建平台调整：引入流量向移动端转移机制，具体可以通过添加企业的微信、微博、公众账号、加入自有媒体窗口模块以及页面分享模块等，实现流量从营销平台向移动端的转移。

★信息发出调整：线上的邮件营销、电子杂志、广告视频等与线下的传真、单页、画册等都加入向移动端引流的模块，直接将用户流量引入企业移动端平台，不需要借助企业网络营销平台来传递，提升用户流量的转移效率。

★流量转化调整：将之前线上网络营销平台与线下客服服务结合实现的用户转化方式，变为利用移动端（微信、微博等）客户服务来将用户转化为销量与会员，更为方便的是，会员的管理与服务也能用移动端直接管理。另外，传统营销平台的营销活动可以直接在移动端完成交易，网络营销平台成为一个传递用户流量的媒介。

②企业线上平台的深层次调整

企业必须对线上平台进行深层次调整，才能真正展示出O2M商业模式的内在精髓，这种调整主要表现在以下几个方面：

★经营战略调整：移动互联网时代已经来临，企业应该紧紧拥抱移动互联网的风口，将实现向移动互联网转型作为企业发展的重要战略。

★资源配置调整：将更多的资源投放到移动互联网领域。

场景营销：
大连接时代的"营销颠覆者"

★组织结构调整：优化企业的组织结构，实现员工思维从互联网时代向移动互联网时代转移。

（2）线上资源的调整

网络营销产业中，一些平台资源被外界控制，企业想要对它们进行调整有一定的难度，但是为了适应移动互联网时代的O2M营销模式，企业必须积极地进行调整，从而完成从线上向移动端的战略转移。

这种平台主要有两种：销售平台与推广平台。前者主要是用以销售产品，也被称为电商平台；后者是传播企业的品牌与文化，间接提升企业的产品销量。

这种平台企业能够进行的调整十分有限，实际操作过程中可以在广告中加入企业的二维码等连接工具，以实现用户流量的转移。如果企业能够遇到一些展示自己创意的机会，比如设计广告与文案等，一定要尽最大的努力去完成。

（3）第三方电商平台的调整

电商时代的巨头，比如天猫、京东、苏宁等开启了网络营销的新时代，对于一家入驻这些电商平台的企业，用户流量通常只有两种：店内流量与外部流量。

获取外部流量的手段基本和企业自主经营线上平台的策略相同，这一部分调整的重点是店内流量的战略调整。对于企业来说店内流量通常掌握在电商平台手中，入驻的同行业企业之间存在激烈的竞争，企业要想得到进一步的发展，必须从竞争者手中抢夺用户流量。

如今，在传统电商流量遭遇瓶颈无法突破的局面下，企业只有进行战略上的调整，才能迎来新的发展机遇。这种调整的具体思路是将PC电商平台的运营视为移动端电商平台的流量获取手段，也就是说，企业在PC端的运营本质上都是在为移动端服务。

天猫销量排名第一的某电商品牌向我们展示了这种战略调整所带来的巨

大影响力。

该品牌公布的数据显示，移动端的销售额达到总销售额的80%，我们可能很自然地会想到这家企业一定在移动端投入了大量的精力，但是真实的情况却是这家企业在移动端并没有什么特别的布局。但其在另一方面做得非常好，一是扩大品牌的影响力与知名度；二是提高PC端的单品销售规模。

背后蕴含的原理是：

★消费者在移动端搜索商品时，知名度与性价比高的品牌商品会排在前面，从而使这家企业在PC电商时代积累的品牌影响力与知名度得到充分利用，直接带来销售额的增长。

★大部分网购用户在购买某一产品时，会按照销量排名进行选购，PC电商时代该企业所占据的销量优势，使得该企业的产品能够优先展示在消费者的眼前，成交量自然大幅度提升。

其实企业能够运用的方法不只这一种，但其背后最为基本的原理是：PC电商时代企业所积累的优势通过一定的战略调整在移动电商时代能够得到充分利用。

6.2.2 Offline：整合线下资源，打造新的购物场景

所谓O2M，是电商发展到一定阶段所产生的一种新模式，指的是线上线下的互动营销，其核心就在于"M"一词，将传统的流量都移向移动端，形成了一种"线下做体验、移动端做服务"的全新模式。

目前，"M"一词指的是"Mobile"，即移动互联网，而"O"则有两种解释，即"Online"和"Offline"，分别指线上的电商与线下的实体店。如今，此模式已经成为诸多企业发展战略的重要环节，而"Offline"又是其中的重中之重，若要保证流程顺利，就必须做好线下资源的整合。

企业在进行线下资源的整合时，需要关注以下三个问题（图6-6）。

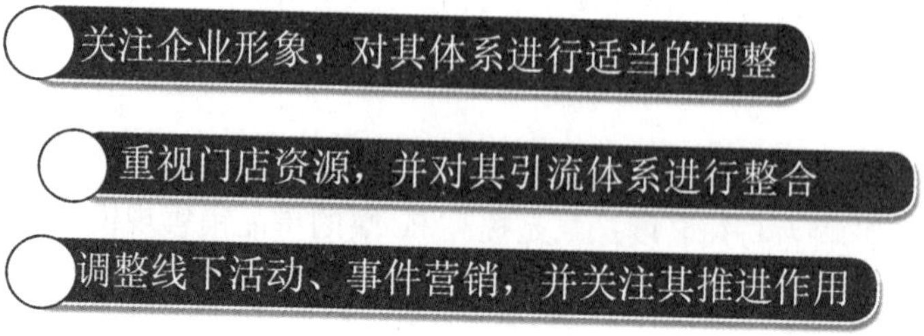

- 关注企业形象，对其体系进行适当的调整
- 重视门店资源，并对其引流体系进行整合
- 调整线下活动、事件营销，并关注其推进作用

图6-6 企业进行线下资源的整合时需要关注的三个问题

（1）关注企业形象，对其体系进行适当的调整

近年来，为了能够在市场竞争中拔得头筹，企业越来越重视企业文化建设，而作为企业文化的一种外在表现形式，企业形象也越发重要起来。所以，企业对于形象的设计迫在眉睫。众所周知，企业形象识别系统正是塑造出良好企业形象的重要手段。

所谓企业形象，其实就是指人们对企业的一种总体印象，具体是通过企业的各种标志而塑造起来的。被称为CIS的企业形象识别系统即是有计划地向受众展示与传播企业自身的各种标志，以期受众能够对企业有一个符合其预先设定的印象和认识，并在此基础上使得受众对企业产生好感，进而认同并接受企业所传达出的形象与价值体系。

在企业形象识别系统中有三个方面的识别，分别是理念、行为及视觉，同时这也是企业设计的三大要素。

★所谓理念，指的是意识形态范畴中的企业理念，是一家企业在长期发展过程中所形成的被全体人员认可并遵循的价值准则与文化观念，具体表现为企业在生产经营方面的定位、宗旨等；

★所谓行为，是建立在理念基础之上的一种外在表现，比如企业在发展中的生产经营行为等；

★所谓视觉，是将理念用视觉化的手段表现出来，比如广告、商标、品牌、包装等等。

在上述三方面中，要在前两者的层面实现线下资源的整合并不容易，但是一旦经过调整，企业就会散发出独具一格的气质，并影响受众群体对企业的直观感受。而企业若想将线下资源进行适时适当的调整，则需将主要目光投向视觉识别这一层面。

如上文所说，视觉识别就是一种视觉化的传达方式，将企业理念、文化等较为抽象的东西转化为具体的符号。一般来说，企业标志会统一规范的字体与色彩，从而塑造出独特的企业形象，吸引更多的受众群体并获得他们的认同，进而在激烈的市场竞争中占据有利地位。

这一系统的构成要素可分为两类：一为基本，二为应用。前者囊括了一家企业基本的视觉要素，最基本的当属企业名称，而企业所使用的标志、logo所用的字体与颜色、企业象征的图案等等都包含在其中；后者则是建立在前者基础之上的组合应用，可运用于企业中的各个领域，比如说办公用品、产品包装、广告宣传等等。

所以，企业可在充分认识这两类要素的基础上，从以下两个方面着手进行视觉识别的调整：

★无论是基本要素的打造，还是应用系统的设计，都需要融入时代元素，将移动互联网时代的相关理念渗透到其中，这样才能使企业视觉识别系统更具时代特色，赢得受众的广泛认可。

★将引流机制引进到系统打造的过程之中，充分利用目前较为活跃的社交媒体，比如企业的微信公众账号、官方微博等，将二维码或是链接直接加入，同时还可以通过这些社交平台举办一些引流的活动，将其设计方案添加到物料系统中。

（2）重视门店资源，并对其引流体系进行整合

场景营销：
大连接时代的"营销颠覆者"

正如前文所说，O2M是电商发展到一定阶段所产生的一种新模式，但事实上，这种模式对于地面店来说更具优势，所以那些有着庞大地面店铺资源的企业其实已经占得了先机。

作为最早提出这一概念的企业，国美电器的O2M发展战略已经走上正轨，开始了线下门店的整合，虽然其主要举措还停留在打造新的购物场景上，但实际上许多新举措也已经浮上水面，比如说会员体系的转型、宣传资料的改版等等。

既然如此，企业的线下门店资源究竟怎样才能得到深入而充分的挖掘呢？怎么入手才能实现上述战略的快速发展呢？其实，可以从以下几个方面中寻求答案（图6-7）。

会员流量的管理

店内引流体系

打造新的购物场景

图6-7 挖掘线下门店资源的主要策略

①会员流量的管理

在传统的会员管理方式中，会员卡是最为主要的一种形式；之后，到了传统互联网时代，借助PC端进行会员管理成为主流，但是会员卡仍旧占据着极其重要的位置。

然而，这种一贯使用的方式却有着一个致命的缺陷，那就是缺少互动。因为，所有与会员相关的规章制度、活动方案等都是企业的行为，会员唯一要做的就是被动接受。如此一来，会员制度所能发挥的能量就远远达不到预期。

如今，移动互联网时代已然来临，会员管理方式不再如以往般"鸡肋"，企业不再唱"独角戏"，会员也不再只是被动接受，互动的时代已经到来。

★首先，会员的身份验证方式发生了变化，卡片不再是会员身份的唯一证明，取而代之的是移动设备上的电子形式的会员证明。

★其次，加入会员的方式发生了变化，企业主导的时代已经远去，用户的主动性得到空前的提高，参与形式也变得更为简单便捷。

★第三，互动机制的添加、移动端的普及使得会员可以随时随地与企业进行互动，"会员"这一身份不再局限于享用特权，而成为一种满足自身诉求的渠道，而企业也借此拉近了与会员之间的距离，并为之提供更为优质的服务。

★第四，会员对企业各种资讯的获取也不再停留在被动获取这一层面上，而有了更多的选择权，对于企业要传达的资讯可以选择接受，也可以选择拒绝，遇到极为感兴趣的还能够主动去搜索了解。

综上所述，企业在进行线下资源整合的过程中，更新会员管理体系势在必行。

②店内引流体系

从门店本身来看，若想完成向移动端的引流其实有很多合适的方法，较为突出的方法有二：一是着重挖掘并发挥店内宣传体系的能量；二是将店内各项活动与促销充分有效地利用起来。

对于门店来说，海报也好、单页也罢，都是必不可少的宣传物料，尤其是在科学技术不断发展的背景下，LED显示屏以及各种相关设施已成为宣传新阵地，并成为企业与消费者之间的一个沟通桥梁。而引流的机会正好就隐藏在其中，企业将种种引流机制渗透到系统之中，然后再使用奖励机制激励消费者，便会取得很好的效果。

场景营销：
大连接时代的"营销颠覆者"

在互联网尚未兴起之时，企业为了吸引消费者的目光常常会在门店内举办一些较为热闹的演艺活动或是推行促销活动，但产生的效果基本都是短暂的，在活动结束之后很难再持续；在互联网兴起之后的 PC 时代里，上述活动仍然是诸多商家的首选，究其原因是因为并没有更为合适的方式实现引流；而到了移动互联网时代，一切都变得简单起来，消费者只需要参加企业举办的活动或享受企业提供的优惠二维码或添加其自媒体账号便可以了。

③打造新的购物场景

我们在上文中提到过，国美电器 O2M 发展战略的主要举措便是打造新的购物场景，这其实已经为广大设有门店的企业树立了一个成功的典范，因为这项举措在移动互联网时代并不难实现。

在新的购物场景的打造中，移动端、无线 Wi-Fi 等设备是不可或缺的基础，只有通过它们，消费者才能够进行店内比价以及线下体验线上下单，这样既提升了用户体验，又实现了向移动端引流的目的，可谓一举两得。

（3）调整线下活动、事件营销，并关注其推进作用

线下活动的范围其实很广，门店内的活动只占据了一小部分，除了还能在门店外举办各种线下活动之外，进行事件营销和话题炒作是诸多实力雄厚的企业的必要选择，如此一来，不仅能够得到受众瞩目，使企业品牌的知名度得到不断攀升，还能将自身的移动端平台推广开来，进而实现引流。

其实，上述线下活动与事件营销早已有之，只是发展到移动互联网时代其又具备了新的时代特征。

★首先，对于活动或事件本身来说，为了达到引流的目的，这些活动或事件的策划理应更具互动性，这样才更符合当前用户的时代特点与喜好。

★其次，要从引流与传播的策略说起，企业进行线下活动或事件营销的目的性很强，所以如何达到目的是其考虑的重中之重。在引流的过程中，最大限度地扩大传播平台的覆盖能够吸引更多消费者的关注与参与，这样便可以进一步提升品牌的知名度。

★第三，需要重视的是如何与客户进行互动及维护，用户进入平台之后，企业并不能就此高枕无忧，还需要继续将之留下，让他们主动地参与到互动中来，在此过程中企业要将自身的品牌文化及产品价值传达给他们并得到认同，培养他们的品牌忠诚度。

★第四，整个过程中到处都存在着引流的引擎，区别在于有的是显性的，有的则是隐性的。前者包括企业在移动互联网时代里的自媒体账号，其引流形式为二维码或链接；后者则是指通过这一过程赢得消费者认同，激发其添加自媒体账号的欲望，进而主动搜索添加的过程。

第 7 章

"互联网 + 零售"时代，实体零售店的场景化营销变革

7.1 立体化构建场景体验，多维思考实体零售转型

7.1.1 体验为王：痛点痒点的滚动迭代

随着移动互联网时代的来临，App应用里的场景能够跟越来越多的真实商业场景对接，消费者进入的渠道增多，导致流量入口呈现碎片化、立体化的发展趋势。再加上随着经济的发展，我国居民的消费水平得到提高，80后作为消费主力正在崛起，这些变化都对传统的商业零售渠道提出了更高的要求。

传统零售的商业规则已无法适应移动互联网时代的要求，越来越多的零售商也已经意识到：如果不想被市场淘汰，就必须进行转型。但问题是，这些传统的零售商应如何转型？

传统的零售企业不同于新兴的互联网企业，它们已经发展了一段时间，也积累了一定的人脉、资源、资金甚至是管理经验，但在移动互联网时代，这些资源却阻挡着企业的转型。

转型是企业在内部结构、经营模式以及管理理念、企业文化等方面全方位的重构。本节我们重点阐述传统实体零售企业在转型过程中应遵循的四大法则之一：体验为王。

传统实体零售企业需要明白的一点是，无论市场机制如何改变，企业都应以为消费者创造价值为发展理念，为其提供满意的服务。因此，企业需要抓住消费者的痛点和痒点，这可以参考以下几个关键点。

★企业首先应抓住消费者的痛点,这也是他们最想解决的问题。抓住了消费者的痛点,通常就能在激烈的市场竞争中生存下去,而要想获得长远发展,还需抓住消费者的痒点。

★由于不同的消费者有着不同的消费习惯和消费行为,因此在确定消费者的痛点和痒点时,也不能一概而论,需要针对消费者的个性特点,为其提供个性化、定制化服务。

★在不同的时代、行业以及地区,消费者的痛点和痒点也会不同。

因此,在新媒体时代,传统零售企业在转型时应积极探索创新,抓住消费者的痛点和痒点,为其提供满意服务。

7.1.2 行走在场景:消费过程的分离

消费体验是消费者在消费一项产品或服务时的心理感受,由产品或服务的质量所决定,主要包括流量触达与消费决策、交易支付、物流支付与服务三个环节(图7-1)。

图7-1 消费过程包括的三个环节

随着互联网的发展,消费者的消费行为和消费习惯逐渐发生变化,与此同时,消费过程的三个环节也朝着分散化的趋势发展。

★在互联网兴起之前,消费者对商品的选择、支付费用都是在实体店铺中完成，消费者的购物以及商家的营销受时间和空间限制较大。

★在PC互联网时代，购物时间、支付方式、物流运输等的限制被打破，商家和消费者可以在线上进行交流，但互动性较差。

★在移动互联网时代，智能手机以及App应用的发展为消费者的购物提供了便利的渠道，消费过程的三个环节不再聚集于实体店铺，而转向线上平台与线下物流的相互配合，场景化营销逐渐产生。

目前，我国的消费场景随处可见，消费过程的三个环节也更加分散，并以不同的搭配组合呈现在消费者面前（图7-2）。除此之外，互联网的发展以及物流基础设施的完善也为分散化的消费过程提供了可能，从而使企业能够满足消费者多样化的痒点。

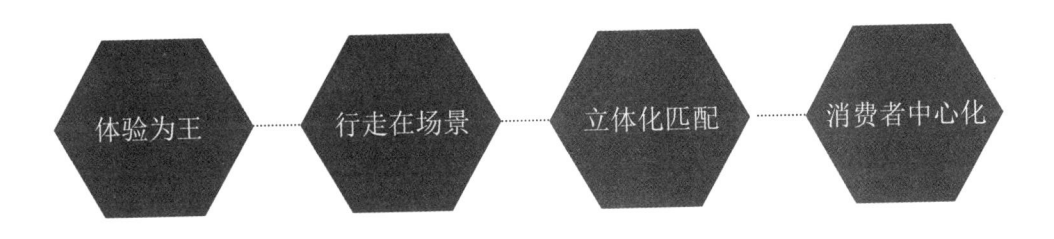

体验为王 …… 行走在场景 …… 立体化匹配 …… 消费者中心化

图7-2 传统实体零售企业在转型过程中应遵循的四大法则

在不同的场景下，消费者的需求具有多样化的特点。因此，企业要具体分析流量触达与消费决策、交易支付、物流支付与服务这三个消费过程中消费者的需求。例如，在旅行场景下，宾馆、机场、火车站、出租车等可能是消费者的痛点；在交易支付环节，消费者可以选择刷卡或付现金等方式；而在物流支付与服务这个环节，消费者考虑的则是选择一种物流方式、货物寄送的地址以及这些货物是否适合运输等。

传统的实体零售企业在转型时，不能囿于固有思维，照搬其他企业成功转型的经验，而应积极探索，充分利用互联网、大数据等的优势，获取内外部数据，分析出企业的核心受众是哪部分群体，进而找到目标客户在具体消费场景中的痛点和痒点，为其提供满意的服务。

7.1.3 立体化匹配：多维共融共通

传统企业在转型的过程中，除了要结合消费过程的分散化趋势考虑消费者的痛点和痒点之外，还需要从宏观上统筹各部分，使其协同合作。必要时，企业还可配置内外部资源，使之为企业转型服务。

在转型时，传统零售企业还需遵守的第三大法则就是立体化匹配，具体来说包括以下几点：

★针对不同的场景要制订不同的营销方案；

★统一调度管理线下、PC 互联网以及移动互联网客户端等渠道；

★企业价值链上各环节相互配合，统一为企业的发展服务。

但在实际情况中，很多传统的实体零售企业根本不知道自己应该选择什么样的方案，或者无法统一协调各部门的关系。

陷入这种困境的企业可以转变思考方法，将关注点放到消费者身上，考虑目标消费者在特定的场景中会需要什么样的服务，以此立体化地创建方案。

7.1.4 消费者中心化：大数据与社群

企业在无法选择适合自己的立体化方案时，可以以消费者为核心，发散思维，构建方案。但对于传统的实体零售企业来说，实现消费者中心化还有一定的距离。

原因在于，在传统的商业规则下，企业只需关注销售额最高的产品、地区以及销售季节等相关数据，就能够在激烈的市场竞争中生存下去，很少有企业去关注核心消费群体的消费习惯和消费行为，更不用说去构建特定的场景吸引他们消费了。

为此，传统企业可以从以下两个方面着手，实现消费者中心化（图7-3）。

图7-3 传统企业实现消费者中心化的两大要点

①整合资源

充分利用内外部数据以及互联网、大数据等的优势，创建消费者画像和生活场景。企业需要通过互联网获取消费者的信息，并利用大数据技术分析，创建用户数据模型，同时多方面获取外部用户的信息，实现资源的合理利用。

实现内外部资源的充分整合是一个漫长的过程，需要企业不断创新，注入新的活力，但可能无法包含所有的生活场景。

②利用社交平台实时追踪核心消费群

微信公众平台已经成为众多企业宣传产品、传播促销信息、传播品牌的一个常用渠道，但大部分企业却并没有利用微信公众号与消费者进行良好互动，以了解他们的需求。与消费者进行实时的交流沟通，可以让企业及时获取消费者的需求变化，并针对这一变化迅速应对，从而提高品牌的知名度并实现品牌效应。

7.1.5 美国实体零售品牌的场景营销

我们可以设定这样一个场景：当一个消费者来到购物中心的某家店，他没有立即购买自己想要的商品，而是先通过手机搜索自己需要的商品，搜索结果会显示这家商店里该物品的各种信息，包括商店的名称、位置及商品的价格和折扣，消费者根据这些信息，对商品的销售量、价格及折扣了如指掌，之后，便开始有针对性地购物了。

上述场景就是人们把移动互联网应用在日常购物场景中，为消费者带来了实际价值。由此，我们也可以看出，这是互联网时代人们选择购物方式的一种新趋势，它将对人们未来的生活产生深刻的影响。在移动互联网发展如此迅速的今天，传统营销已经过时，人们会越来越倾向于这种基于互联网的场景化营销。

（1）优化店内购物体验 国际大牌这样做

① Urban Outfitters

Urban On（UO）是美国平价服饰——Urban Outfitters 开发的一个原生应用，这个应用程序可以为客户提供多样化服务。

比如，UO 会在客户一进入店铺时，就为其提供可以登录社交媒体的服务；当客户在试衣间试衣服时，UO 会提醒用户可以把试衣照传到自己的朋友圈或微博等社交媒体，一旦分享成功，便能拿到折扣或者优惠；店铺内还设有照相亭供客户拍照，UO 电台还可供客户在挑选衣服时或者休息时收听；客户通过最新版的产品页面，可以更清楚、更全面地了解到产品的相关信息。

② Rebecca Minkoff

图 7-4 智能镜子

Rebecca Minkoff 包包专卖店与 eBay 购物网站联手推出互动试衣间，试衣间里面安装有智能镜子。所谓智能镜子，就是它可以存储店内所有商品的信息，用户只需要点击镜子中的浏览器，便可以找到自己需要的衣服，然后下单。如果试衣间的光线太暗或者太亮，用户还可以点击屏幕调节室内光线，看试衣效果。

此外，为了便于用户查询，店内每件衣服都有 RFID 标签，用户可以根据自己的需要，对衣服的颜色、尺寸进行查询，点击后，服务人员就会立即收到信息，把客户需要的衣服送入试衣间，从而免去了用户来回换衣的麻烦。

这些智能镜子的另一个功能是对客户的购买信息进行存储，当他们再次过来购物的时候，智能镜子就会根据客户以往的消费信息，分析出他们的喜好，店员在掌握了这些数据之后，就能更好地为客户提供服务。

③ Marc Jacobs

Marc Jacobs 这一奢侈品牌采取了一系列措施提高品牌影响力。比如，用户只要用 #MJDaisyChain 作为标签来发布推文内容，就可以得到店里提供的一份精美礼品；用户在发布推文的过程中同时上传店内照片的话，就会获得更多的优惠；荣获最佳创意内容的用户，会获得店内免费提供的 Marc Jacobs 手袋。这些都是公司扩大品牌影响力的有效方法。

（2）体验为王，移动时代营销的未来

①品牌连接消费者触点增多

★传统营销方式：通过各种营销渠道，比如电视广告、互联网广告、杂志广告等，尽可能地向消费者传递更多的品牌信息，它是一种单向传播，所以触点极其有限。

★场景化营销：通过对消费者的需求进行深入分析，在特定场景中，为消费者提供各种有价值的信息，还可以在消费者使用产品的过程中，搜集他们对产品的反馈信息，与消费者形成互动，所以品牌拥有更多的触点与消费者进行连接。

②真正解决用户的问题和痛点，与用户形成良性价值交换

★传统营销：通过广告方式增加用户对产品的印象，但是，在信息化时代，人们已经不再依赖于广告，而是选择更能满足自身需要的产品和服务。

★场景化营销：基于人们的个性化需求，在合适的时间和地点，为消费者推送有价值的信息和服务，而且，消费者在使用产品的过程中，还可以将反馈信息提供给品牌，通过与消费者之间的互动，增加了消费者对品牌的信任。而且通过对用户信息的搜集，品牌将越来越了解用户的需求，从而为用户提供更好的服务。

③目标消费者不再局限于静态的人口属性的定义

★传统营销：传统营销所面向的目标人群往往是固定的。

★场景化营销：从消费者的需求出发，往往会激发很多潜在的客户。比如管理女性生理期的一款 App，这本来是专为女性研发的一款软件，但是软件商考虑到男性也可以通过该软件关注女性的生理期，于是研发了男生版，以便在

女性生理期时向女性表达关心。而且，在2014年，使用该软件的男性用户占到了10%。

（3）如何应用场景化营销？

怎样才能更有效地利用场景化营销呢？

①确定正确的品牌策略

场景化营销就是通过与消费者之间的互动，使消费者对品牌的印象更为深刻，所以，正确的品牌策略很重要。

②考虑重新组织营销活动的过程

场景化营销就是在特定的时间和地点为消费者提供有价值的服务，所以，需要营销人员及时发现消费者的需求变化，从而提供个性化服务。这才是消费者真正需要的。

③建立整合型的技术平台

消费者在不同场景中，消费需求也会发生相应的变化，所以，对不同场景中的信息进行整合就显得尤为重要。企业需要成立一个技术团队把这些分散的信息进行整合，由整合型技术平台管理。

④善用大数据

场景化营销通过与消费者之间的互动，掌握消费者各种需求信息、反馈信息，从而更好地为消费者提供服务。像消费路径这种带有时间序列信息的数据，也要引起重视。

⑤启用场景化营销引擎

所谓场景化营销引擎，是企业进行场景化营销的一套理念和具体的实践策略。具体来说，场景化营销引擎由引擎动力源、引擎驱动、引擎点火器三部分组成，实践的要点如图7-5所示。

场景营销：
大连接时代的"营销颠覆者"

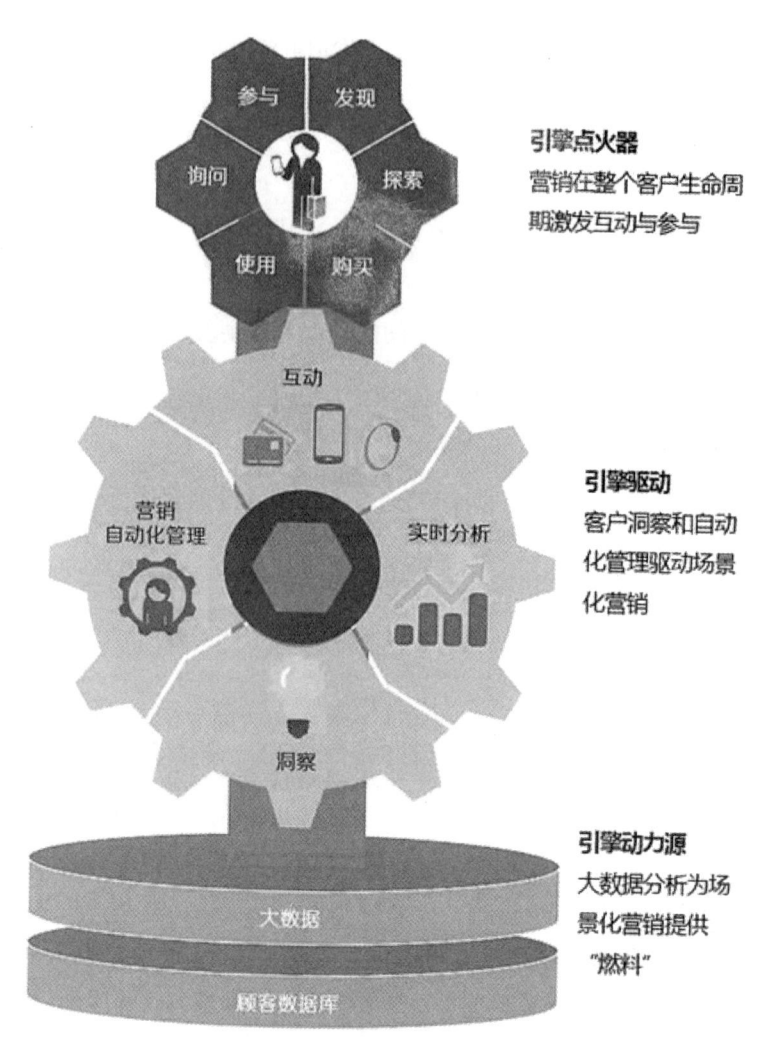

引擎点火器
营销在整个客户生命周期激发互动与参与

引擎驱动
客户洞察和自动化管理驱动场景化营销

引擎动力源
大数据分析为场景化营销提供"燃料"

图 7-5 场景化营销引擎

7.2 智慧店铺与购物场景：实现与消费者即时高效的个性化互动

7.2.1 智慧店铺的完美购物场景

电商企业在经历了一个快速发展的黄金时期后遇到瓶颈，一些商家开始尝试在线下进行突围；而传统零售行业承受着电商行业的不断冲击，生存空间被不断压缩，于是纷纷选择"触网"。

零售行业的线上与线下之争终究还是要落到用户流量的层面上来，培养用户习惯的消费场景成为商家运营的重点，如今谁能做好消费场景的战略布局，谁就能在未来的行业竞争中占得先机。以 IBM 为代表的企业在智慧店铺购物场景上开始了新的尝试，以创新发展的探索精神推动着智慧店铺的日趋完善。

可以想象一下这样的生活场景：当你正处于某个商家的店面中或者是在店面的附近时，你得到了关于该店铺产品的优惠活动信息与可以充当现金的购物券，如果这些产品或者服务你又比较感兴趣，接下来你就会寻找该店铺，找到后发现店铺的门口显示屏上有着独具特色的欢迎词，视频与音乐也显示出对你的尊重。

同时，根据你的兴趣爱好、购物经历、情感变化以及会员等级等所预测出的产品推荐信息会向你展示一系列的产品供你进行选择，通过扫描二维码或者浏览店内营业人员发送给你的信息可以了解相关产品的详细信息，当你选择好所需商品后直接通过移动端进行支付，优惠券的折扣也直接计入其中，购物过程方便快捷。

以上正是基于移动技术构建的智慧店铺的购物流程。零售商家借助这种移动智能技术的应用创造了多元化的消费场景，智慧店铺在未来将会为传统零售行业的转型升级开辟一条切实可行的道路，如今实现这些场景的技术条件已经比较成熟，在一些地区已经成为现实。

比如星巴克咖啡利用基于地理位置的移动技术可以在短短几分钟内将咖啡送至附近的消费者手中；银泰百货集团可以让客户基于地理位置在短时间内找到所需的产品并完成支付。

智慧店铺利用搜集的用户信息，可以为消费者提供满意的服务，使商家的品牌推广更具效果，在沉淀用户的基础上提升成交率，降低推广成本，最终获得最大化的收益。

7.2.2 虚实空间的实时交互主体

智慧店铺通过线上（PC端与移动端）的虚拟空间与线下店面的无缝对接实现了销售利益的最大化。

PC端上的官方商城是维系整个运营体系的重要支撑；与一些具有用户流量优势的第三方平台合作引入了庞大的潜在消费群体；再加上移动端的基于地理位置的服务技术、二维码扫描、存储大量客户信息的CRM数据库等作为辅助工具，能够发挥PC端与移动端结合的优势，完成用户流量获取、品牌推广营销、交易支付等一系列流程。

对于线下商家来说，线上与线下的结合不代表要弱化线下店面的作用，只将其作为线上产品及服务的展示店，智慧店铺要求线下店面能以自身为中心，服务一定范围的消费者，全面接管信息传递、品牌推广、交易支付等环节。

在电商最为发达的美国进行的一项专业调查显示：与线上交易相比，线下交易占整个交易体系的绝大部分，而线上交易额只占总交易额的不到10%。可见线下店面的运营效果在企业发展过程中具有举足轻重的地位。

商家与消费者之间的交互程度是决定成交率的关键要素，商家要考虑直接展现在消费者面前的前端部分与作为支撑的后端部分。店面的合理布局，视频、音频等基础设施的完善等这些前端内容是直接影响消费者心理的重要因素；客户数据管理、智能化控制系统、数据分析与信息反馈系统等作为支撑前端的后端模块决，定了前端处理各种问题时的效率与能力。

前端作为信息交互的重要载体在后端的强大信息处理能力支撑下与消费者完成交流互动，消费者成为信息的接受者以及反馈者，并利用移动终端进行交易行为。由此开发出的实时交互体系突破了传统的互联网时代的人机交互局限，使人的主观能动性得到更好地发挥。

在这种体系之下用户可以在线下店面、PC互联网、移动终端之间自由转换，交易在三者之中皆可实现。消费者可以在线下店面中借助手中的移动终端实现产品的定位、搜索、咨询，还可以利用PC端进行产品的信息参数对比与用户评价的查询；商家在这个过程中可以搜集用户的行为信息，利用信息处理技术进行消费者需求的快速发掘及匹配等。

7.2.3 店外线上引流+店内体验交互

商家用户流量的获取主要有两种方式：其一为线上信息的吸引，一部分消费者通过线上获取信息之后要去线下店面体验后才会购买；其二是热点推广，线下智慧店铺就如同一个信号发射台，能够在移动互联网技术的应用下将搜集的用户信息进行整理分析后以短信、二维码等方式向其传递产品的推广信息，

场景营销：
大连接时代的"营销颠覆者"

这样的用户获取更具针对性。

当然，如果消费者曾经在该店中进行过消费，店铺的信息搜集系统会将用户的相关信息存储入库，消费者再次进入店中时，店内的系统会根据之前存储的信息进行匹配，并将信息及时反馈给店内服务人员。

具体来说，即当消费者进入智慧店铺的一瞬间，借助无线射频识别技术激发系统识别功能，系统会将后端的数据在一瞬间传递给前端的服务人员，服务人员会根据这些信息（消费者的购买记录、VIP级别、兴趣爱好）帮助消费者更加愉快高效地完成购物体验。

而且后端分析所得出的重要信息会直接在店铺内的显示器、橱窗等载体中显示出来，消费者交易过程中的折扣会直接由系统计算出来。方便、快捷、注重用户体验的管理体系使线下店面的服务能力上升至较高水平，同时也增强了用户对品牌的认可度与忠诚度。

此外，消费者可以利用线下店面的双屏POS机与店员就产品信息进行实时互动，店面的显示器、消费者的移动终端等都成为用户了解产品信息的渠道，方便高效的二维码扫描支付方式使一键自助式购物成为现实。当消费者所需的产品出现缺货时，可以借助移动终端在产品的官方商城上找到所需的产品，店员也可以根据产品信息为消费者推荐类似的产品，消费者只需要在移动终端上付款，就可以享受快递直接送货上门的便捷服务。

由于店员与消费者之间的实时互动更能真实准确地反映消费者的真正需求，在把握消费者的需求心理的基础上，能直接为消费者推荐相应的产品以及服务，因此及时了解客户的潜在需求是非常重要的，可明显提高交易成功率。

而且，由于消费者在智慧店铺中的一系列行为都能被视频追踪技术记录下来，从而分析出店铺内的热点区。对于用户的行为分析对制定出有效的营销策略具有重要的作用，消费者在不同区域的停留时间、浏览量、产品的受欢迎度等数据都是搜集的重点。

对以上数据搜集与处理后建立相应的数据库将会成为未来企业进行消费者需求研究与营销战略制定的重要依据，这些研究数据可以应用到以下几个方面：

★调整货品展示布局，使消费者更加方便地浏览商品，提升消费者的购买欲望；

★调整线上线下的营销策略，推动精准营销，降低成本消耗；

★以线上线下的优惠产品带动企业整体的产品销量，实现利益的最大化。

7.2.4　商品信息第三方传播

消费者在智慧店铺所经历的完美购物体验，将会为商品信息与品牌推广带来意想不到的效果，移动终端的信息传播能力在移动互联网时代被无限放大，商品信息在网络中如同病毒一般在个体所能接触到的范围内快速传播，任何一个个体都能成为传播的节点。

通过对传播过程中的信息追踪，信息接收方的数据信息也被收集起来，变为新的研究对象，使商家可以发掘出更多的潜在消费者。

在智慧店铺的交易实现过程中，进行精准的信息推送、对用户数据的识别、店内用户的浏览数据搜集等在现有技术下已不是问题，移动端直接支付、精准营销等相关模块也取得了很好的效果。目前，要实现即时高效的个性化互动还需要进一步的努力。相信随着当下在智慧店铺深入探索的企业的不断突破，不远的将来，这一模式将会引领一个新的时代。

7.2.5 朝阳大悦城+百度：延伸线下消费场景

"互联网+"时代掀起了一场传统商业变革的风暴，在多方资本的涌入下互联网时代的商业竞争愈发激烈，电商行业与线下传统商业都在全力探索新时代的商业模式的创新发展，一种将线下商业与电商企业相结合的O2O商业模式迅速崛起，以百度为代表的电商巨头与资本雄厚的线下实体地产朝阳大悦城（图7-6）进行深度战略合作，开启了区域型商业创新发展的新时代。

图7-6 朝阳大悦城

（1）合作背景

双方的这次战略合作经过了一系列的深度布局。

2015年3月，朝阳大悦城联合百度外卖整合双方优质资源进行了合作。2015年8月，朝阳大悦城与百度开启了又一次的战略合作，百度糯米与百度直达号宣布正式加入战略合作计划，意在通过双方的共同努力创造出更多实现消费者与商家连接的O2O消费场景，将供需双方的连接节点扩展至人们生活中的各个领域（图7-7）。

```
融入互联网生态圈：励志一"件"到底
        ↓
智慧商城同步：一站式服务升级至"线上"
        ↓
丰富消费场景：缔造全新关系链
        ↓
展望未来：横跨多业态合作
```

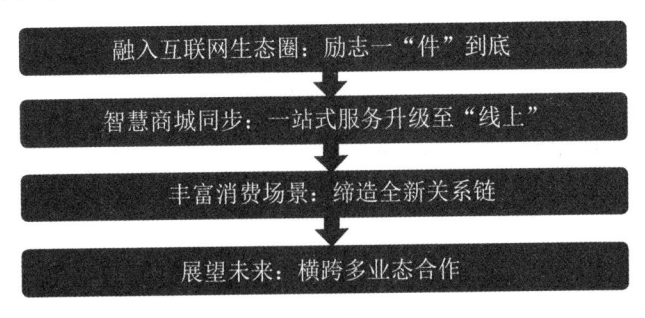

图7-7 朝阳大悦城与百度建立战略合作的价值

（2）融入互联网生态圈：励志一"件"到底

商业模式的创新发展是朝阳大悦城长久以来不懈努力的目标，力图通过商业模式的颠覆式创新，借助互联网垂直领域的多方优质资源完成一次产业链的深度革新。在共享经济的时代风口，朝阳大悦城积极拥抱这场变革之风，将大量的互联网优质资源与线下实体商业运营的丰富经验深度融合，使自己成为新时代的创新先锋。

不难看出，餐饮业是朝阳大悦城布局O2O的重要试点，以百度外卖、百度糯米等为代表的本地化生活服务平台的加入给朝阳大悦城带来了巨大的线上用户流量，为其转型升级之路打下了坚实的基础。

朝阳大悦城与百度外卖开启的战略合作之路起到了良好示范作用，朝阳大悦城开发的App应用与百度糯米直接对接，推进了餐饮O2O体系的进一步完善。朝阳大悦城进行的一系列战略合作在使平台的用户流量获得大幅度增长的同时，也为线上的入驻商家打造了"线上商家分成"的盈利模式。朝阳大悦城平台、入驻商家、平台用户之间的连接体系日趋完善，大量资金开始涌入平台。

资本扩张的背后，最为关键的是朝阳大悦城实现了用户数据与入驻商家数据的实时监测，更多的消费场景被开发出来，这也使商家的营销模式逐渐朝着多元化以及差异化方向发展，实现了朝阳大悦城平台与入驻商家之间的共赢，朝阳大悦城商业模式的创新发展之路也走出了坚实的一步。

（3）智慧商城同步：一站式服务升级至"线上"

朝阳大悦城自主研发的 App 应用使庞大的用户流量成为其一大优势，而且无需下载、即搜即用的 H5 轻应用的开发沉淀了大量的忠实用户。

随着朝阳大悦城微信公众账号与 App 平台的对接，真正实现了用户线上服务的多渠道整合，朝阳大悦城平台以"上线 10 个月注册用户超过 14 万"的成就成为新媒体营销与 O2O 方面最值得借鉴的案例之一。

在移动互联网时代，用户流量成为衡量企业平台能否走向成功的关键所在，而朝阳大悦城在用户流量上无疑取得了阶段性胜利，下一步的朝阳大悦城开始以自己的全新理念去构建新型商业模式。2014 年下半年，朝阳大悦城开始大举引入科技元素：商家推荐、导航定位、会员系统、打折促销、智能排号与智能停车等打造出了线上一站式服务的综合服务体系。

（4）丰富消费场景：缔造全新关系链

与电商送货上门服务的优势相比，线上商业的优势在于更具多样性的用户体验服务。购物商场将 O2O 模式不断完善与升级的支撑点就在于它具备购物、娱乐、餐饮等一整套的线下体验服务场景，朝阳大悦城与百度的通力合作，尤其是百度糯米与百度直达号的进入，使二者可以在为用户创造更大价值的基本理念之上，从消费者的本地化生活场景入手，将消费场景向更为广阔的领域延伸。

百度大悦城将百度糯米引入平台的团购模块，使朝阳大悦城的线上用户在增加的同时，有效地为入驻商家与平台之间构建了一条连接通道。

商家借助平台提供的海量用户流量完成了价值创造与品牌推广。百度糯米借助朝阳大悦城的运营口碑吸引了更多商家的入驻，增强了入驻商家的信任感与忠诚度。互联网企业与线下商家的深度合作，实现了新的商业模式，商家的经营理念也得到了革新。

当然，餐饮行业的O2O商业模式需要建立在完善的商业运营体系与商业流程基础之上。入驻商家的合作体系、财务流程管理、资源的重新配置、用户信息的反馈收集等需要线下商业进行相关的战略调整，从而逐渐形成一个运行流畅、高效的综合服务体系。

（5）展望未来：横跨多业态合作

朝阳大悦城与百度糯米的合作，吸引了几十家餐饮商家进入糯米平台，众多商家通过一系列的优惠促销活动成功吸引了大量的消费者。

此外，朝阳大悦城与百度糯米的合作也开始尝试零售行业商业模式的创新，以往的零售行业O2O大多只是作为一种卖点，更多的属于营销范畴，而朝阳大悦城通过与百度的战略合作，开启了O2O商业模式的创新发展之路，商品零售的O2O创新发展也会在这次革新中发生质的飞跃。

2015年9月19日，朝阳大悦城迎来5周年店庆狂欢日，多重优惠活动来袭，超过50家入驻平台的零售商家可以使用平台发行的百元通券消费，百度糯米将利用众多的线上资源来大力支持这次优惠活动，而这次零售通券的发行也宣示着朝阳大悦城零售O2O商业模式的革新之路已然开启。

朝阳大悦城与百度在本地化生活服务上的合作将会延伸至更为广阔的领域，有着充足资金与多年运营经验的支撑，线下购物商家与线上平台相结合的创新模式将会进入消费者生活场景的方方面面。

7.3 营造顾客体验的卖场设计战略

7.3.1 卖场环境氛围的体验设计

卖场不同于传统的商场,它对商品的分类、目标受众有着严格的要求。

到卖场中购物的消费者对体验有着非常高的敏感度,但对于企业来说,卖场气氛的营造却是常常被忽视的地方,甚至还会存在诸多误区,比如将提高"卖场顾客体验"误认为通过对销售人员的培训,提高销售业绩;只是单纯的销售货物,还没有涉及顾客体验层面。

因此,单凭销售人员的巧言善辩,难以打动消费者,因而也就无法实现销售业绩的增长。

企业在制定营销策略时,需要正确认识卖场的作用,合理划分卖场的功能,并展示合适的产品,以引起消费者情感上的共鸣,从而形成自己的竞争优势。

总体来说,企业可从卖场环境氛围的体验设计、卖场产品组合的体验设计以及产品本身的体验设计三方面来营造卖场顾客体验的氛围(图 7-8)。本节我们先来讨论一下卖场环境氛围的体验设计。

卖场环境氛围的体验设计指的是卖场从听觉、视觉、触觉、嗅觉以及心理等各方面给消费者以触动,引起他们情感上的共鸣。例如,根据产品的不同特点,将它们放在具有不同功能的展示区内,以此为消费者营造真实的生活场景,吸引他们购买。

场景营销：
大连接时代的"营销颠覆者"

卖场环境氛围的体验设计

卖场产品组合的体验设计

产品本身的体验设计

图7-8 卖场设计战略的三个组成部分

同样是咖啡店，星巴克和上岛咖啡的环境氛围就不一样，星巴克从店内装修到音乐、照片、家具的选择以及服务生的服务等环节都形成了自己的特色。同样，在家电卖场里，卖场的氛围也应与产品的特点相吻合，将注重外在包装设计的产品和注重内在实用性的产品分别放在不同的展区展示，给消费者营造良好的卖场氛围。

企业在营造卖场环境氛围时，需要全方位整体考虑，包括卖场的宏观布局、出入通道、滞留时间长短、空间布局是否合理等。如果卖场所营造的整体氛围能够引起消费者情感上的共鸣，那么消费者会非常愿意为卖场中的产品买单。

因此，企业在划分卖场的功能——设计空间布局以及具体的细节时，要充分考虑到卖场体现出来的气息、环境等因素应与消费者的期望值相一致，从情绪上打动他们，激发消费者的购物欲望，并以优质的服务留住顾客，形成用户黏性和忠诚度。

上海的外滩3号是集艺术、文化、美食、时尚和音乐于一体的超级卖场。服装类汇聚了华伦天奴、阿迪达斯等品牌，同时也包括意大利手工制作的皮鞋等。外滩3号卖场的商品种类齐全，虽然数量繁多，但却整齐有序，从整体氛围上给消费者留下了深刻的印象，做到了"把合适的产品放在合适的地方，卖给合适的顾客"。

外滩3号的卖场氛围、商品品牌、营销策略与目标顾客的情感态度相一致，从情绪上激发了他们的消费欲望。此外，卖场的空间设计、人群通道、广告营销等与潜在客户的需求相一致，在卖场中为消费者营造了真实的生活场景，为其提供了个性化的服务。

国美和苏宁都是家电卖场，自然构成竞争关系，它们在商品价格、供应商管理、店面数量等方面相互竞争。对于国美和苏宁这样的连锁性卖场，这些竞争都是必要的，但从长远来看，商品价格、供应商管理以及店面数量等方面的竞争都无法帮助企业实现长远发展，国美和苏宁需要另寻出路。卖场本身蕴含着巨大的潜力，谁能从卖场出发，营造卖场氛围，引起消费者情感上的共鸣，谁就能够吸引顾客，留住顾客，最终战胜对手。

2005年，国美开始发挥卖场优势，创立了鹏润电器。鹏润电器虽然是由国美控股，但它在顾客体验设计、环境营造等方面都区别于国美，更注重发挥卖场自身的优势，以经营高端产品和营造高档购物体验为主。例如同样一件产品，它在鹏润电器的展区就与在国美不同；同时，鹏润电器所展示的产品数量也不同于国美。这些无不表明，鹏润电器是作为一个独立的卖场而存在的，同时也体现了国美高层管理者的设计理念。

7.3.2 产品组合的体验设计

企业营造卖场顾客体验氛围的第二个环节就是产品组合的体验设计。

打破产品原来的组合，根据卖场的功能划分重新摆放产品，使产品的特点与所摆放的位置相一致，这种方法有助于引起顾客情感上的认同。

电器类卖场也是如此。如果产品没有放到合适的位置，那么便无法引起目标顾客精神上的共鸣，从而使其失去消费热情。因此，将合适的产品放到相应的地方十分必要。此外，还要为顾客营造良好的购物氛围，提升消费者的购物

场景营销：
大连接时代的"营销颠覆者"

舒适感。

宜家家居是在设计产品组合体验方面的典型案例，通过这种战略设计，宜家提升了产品销售业绩。

宜家从细微处着手为顾客营造良好的卖场氛围。例如，宜家会在楼梯处放一块写着"灵感之旅三楼开始"的牌子，通过设计富有吸引力的文案来提升顾客的舒适感。此外，宜家的每一件产品都可以称得上是艺术品，其中包含了设计师的设计理念。宜家在展示产品的同时，也充分尊重每一位设计产品的设计师：每件产品的旁边都会附有设计该产品的设计师的照片。到宜家购物的顾客受这种氛围的熏陶，也会尊重这些设计师以及他们设计的产品。而且，宜家在摆放产品方面也十分用心，例如将圣诞节马灯整齐排列，营造舒适的卖场氛围。

但是，宜家在产品组合排列方面还存在一定的缺陷，需要不断纠正与提高。

例如，宜家曾销售过带架子的写字板，它能够吸引消费者的亮点在于写字板的两面都可以写字，区别在于一面适合用彩色粉笔，而另一面适合用彩色水笔。同时，这款写字板可以几个人（几个成年人或者一个成年人和几个小孩）同时使用，因而吸引了大量的家长以及有创作欲望的成年人。

但是，宜家将写字板及其相关工具，如吸磁式板擦、水笔、白纸等放在了不同的位置，消费者要将这些东西找齐需要花费大量的时间和精力。如果对这款写字板有着强烈消费心理的顾客没有将这些工具找齐，甚至有些工具缺货，将严重影响顾客的购物体验，给他们留下不好的印象。并且，这些顾客还会将其他工具随手一扔，给店内的服务人员增加工作负担。

实际上，宜家应该将写字板的这些配件摆放在相邻的位置，即使有产品缺货，也应该在旁边放置告示板。例如当写字板缺货时，可以写"让人心动的带架写字板暂时断货，预计一周内 X 套写字板会重新出现在二楼西北角"。这样的温馨提示对于目标顾客来说，即使这次没有买到，也不会对宜家产生不好的印象，一周之后，他们肯定会再次光临。

通过"写字板"这个案例，我们可以清楚地认识到将功能相关的产品摆放在一起的重要性，尤其是对于宜家这样注重DIY理念的产品卖场更应如此。

无独有偶，宝洁公司曾把清洁器和清洁剂分开摆放，其产品的销售量一直没有提高，后来将两者摆放在一起，组合出售，销售业绩大为提升。由此可见，产品的组合事关销量的高低，更决定顾客在卖场中体验好坏的。

卖场在摆放产品时，只需将功能相关的产品组合排列，便能将它们卖给目标顾客，并且还会提高顾客的卖场体验感，形成舒适、愉快的感觉。如果企业在营造顾客体验时，将产品组合的体验设计融入卖场的整个设计中，并将这种设计理念渗透到公司的每个部门中，那么企业将会形成巨大的市场竞争力。

或许有的卖场在设计时也融入了顾客体验，例如普通的超市、路边小摊等，但是它们的这种顾客体验还不是完整意义上的顾客体验，无法从精神层面引起消费者的共鸣，还处于简单的卖货阶段，因此，也就无法像真正意义上的卖场顾客体验那样，形成用户黏性和忠诚度。

卖场顾客体验需要从情感上打动消费者，引发他们的共鸣，形成品牌效应。真正走入消费者内心的品牌，其他品牌的优惠促销活动已无法对其构成威胁。只要消费者有需求，他们一定会购买引起他们共鸣的产品。在移动化的场景时代，消费者对价格的敏感度降低，而更加关注产品带给他们的体验。

例如，依云或屈臣氏矿泉水的目标顾客一定是喜爱他们品牌的忠实顾客，即使娃哈哈、统一、康师傅或雀巢等品牌推出优惠促销活动，这部分消费者也依然会选择依云或屈臣氏的矿泉水，这就是良好顾客体验带来的效果。

依云或屈臣氏为消费者提供的服务引起了他们情感上的共鸣，提升了他们的购物体验感。而其他品牌的矿泉水只有在进行优惠促销活动时，才能提高销售量，原因就在于其他品牌没有培养自己的忠实顾客，形成用户黏性。

7.3.3 产品本身的体验设计

产品的设计是影响销量的重要因素，越来越多的公司开始重视企业产品的设计，如苹果、惠普、Google、星巴克、华为等。

设计部门在苹果公司占据十分重要的位置，苹果公司的每一款产品都需要精细的设计，而通过设计能使每一款产品在具备苹果共性的同时，还具有自身的特性。设计影响着公司的发展，好的设计会提升公司的市场竞争力，抢得发展先机。通过设计，人们可以将想象变为现实，节省劳动力，提高工作效率。拥有创造力和活力的公司，重视设计部门的建设，以获得竞争优势，同时还会为顾客提供个性化的服务，使其获得舒适、愉快的购物体验。

从产品的角度看，消费者体验的不仅是产品的外形设计，还有产品的功能设计。企业在设计产品时，首先要进行详细的市场调研，了解消费者的内在需求，然后再基于消费者的需求去设计产品的功能，以及形态、材质、包装、产品立意等，达到与消费者需求相契合的目的，从而提升消费者的购物体验。

有的品牌会在产品概念上进行设计，例如，农夫果园的"喝前摇一摇"；而有的品牌会在产品包装上投入更多的精力，如屈臣氏，它的矿泉水瓶采用的材质非常独特，并且外形也非常方便人们拿握，这些细节提升了顾客体验，从而使其对屈臣氏的矿泉水产生深刻的印象。此外，还有一些矿泉水品牌利用凹凸等光影原理将瓶身设计成山脉起伏的形状，给消费者带来视觉享受。

以产品的促销体验设计为例，假如某一大型超市正在进行酸奶的优惠促销活动，身穿制服的销售人员在消费者进入超市的必经路口摆放了几桶酸奶以及一些一次性杯子，并打着"买一赠二，欢迎品尝"的宣传口号。

但是这些促销的酸奶的包装是开启的。大部分消费者都知道，酸奶在开启一定时间之后，它的味道会发生变化。因此，这些敞口的酸奶的口感已经受到影响，从而影响了消费者的体验。

显而易见，这个超市的促销活动没有经过精心设计，给产品带来了负面影响：第一，产品口感发生变化，从而影响产品的口碑；第二，这种优惠促销活动没有从情绪上打动消费者，也就无法形成购物体验。

因此，超市要想进行优惠促销活动，必须精心设计每一个环节，在这方面可以学习宝洁公司。宝洁在推出促销活动时，会将一些小袋的试用装发给消费者。而超市在促销酸奶时，也可以采用相同的方法，将酸奶用小袋包装，既不会影响酸奶的口感，同时也增加了消费者的参与感，从而提升顾客的购物体验。

顾客体验设计包括多方面的内容，如产品体验设计、产品组合设计、卖场氛围体验设计等。从产品设计来看，又包括产品规划、产品概念、产品包装、产品形态、产品摆放、产品功能等。最重要的是，随着时代的发展，卖场顾客体验的设计还要与时俱进，不断创新，以契合新时代消费者的需求。

2003年，韩剧《大长今》风靡中国，很多观众将《大长今》的主题曲《希望》设置成自己的手机铃声。受《大长今》的影响，人们一听到《希望》就会感受到剧中氛围。由此我们可以推断，如果企业能在自己的产品中融入这样的氛围，为其提供极致服务，那么就会引起消费者情感上的共鸣，产生独特的购物体验。只要他们进入卖场，就会产生购买公司产品的需求。

总体而言，卖场顾客体验的设计存在一定的风险，并不是企业只要营造卖场环境的氛围，就能成功提升消费者的购物体验。它的设计是以满足消费者需求为前提的，在具体的实施过程中，成功和失败的几率相同。有时候在企业看来是好的设计，但却没有满足消费者的需求，主要有以下三点原因：

★没有从宏观上对设计战略进行整体把握。对设计概念理解不够全面，一般只从某一片段，如产品的动作、场景的设计等进行理解。企业在设计时，需要从整体上进行把握，而不能只侧重某一点。只有从整体上进行设计，才能契合消费者的需求。

场景营销：
大连接时代的"营销颠覆者"

★没有正确认识外在的消费环境。企业错过研发创新产品的时机，导致其设计与消费者的需求存在误差。

★没有有效管理企业的系统以及战略。企业要将产品设计置于企业的发展规划之下，只有这样，才能保证企业推出的产品是市场所需要的。因此，企业必须系统管理公司的各部门，使之有效合作，提高设计能力和市场竞争力。同时，企业在设计时要充分考虑消费者的需求，贴近实际，使产品与消费者的心理相契合，引起他们情感上的共鸣，提升购物体验。

实操案例分享

解密世界网络银行
· 商城的场景聚合

1. 世界网络银行·商城是什么?

世界网络银行·商城是以世界互联网为依托,将互联网银行和互联网商城结合在一起的超级平台,它将消费者、地面商店、企业等各方面的资源聚合起来,既可以方便消费者购物,又可以形成全球金融共享平台,还可以扶持生产性企业,培植各行业的企业家。

2. 为什么要成立世界网络银行·商城?

世界网络银行·商城的建立既符合商业和货币发展的规律,也是现实竞争的需要。

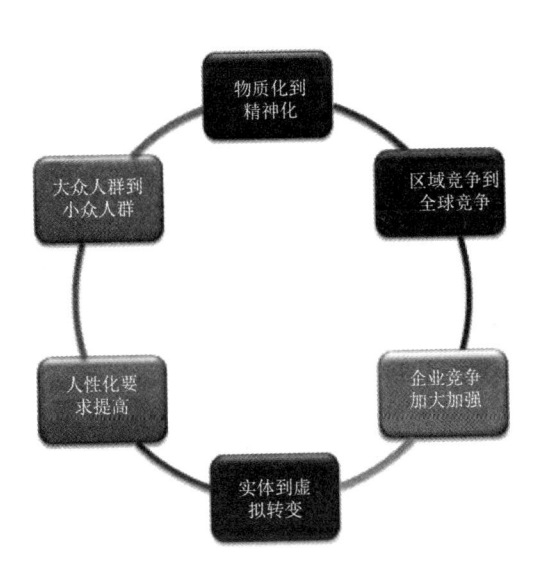

图1 全球经济发展趋势的六大转变

全球经济发展趋势正在经历着六大转变（见图1），在这些转变的影响下，尤其是在互联网的影响下，将银行和金融网络化，将实体经济虚拟化，将商城和银行结合并以互联网的形式展现出来，成为新经济发展和企业孵化的必然选择。

新的货币形式和政策的发展催生了互联网银行。在互联网和物联网的影响下，以新的货币形式为主的货币政策影响逐渐加大，并在全世界建立起新秩序。在虚拟货币和新货币政策的影响下，建立世界网络银行和商城，是进行商业竞争的现实需要（见图2）。

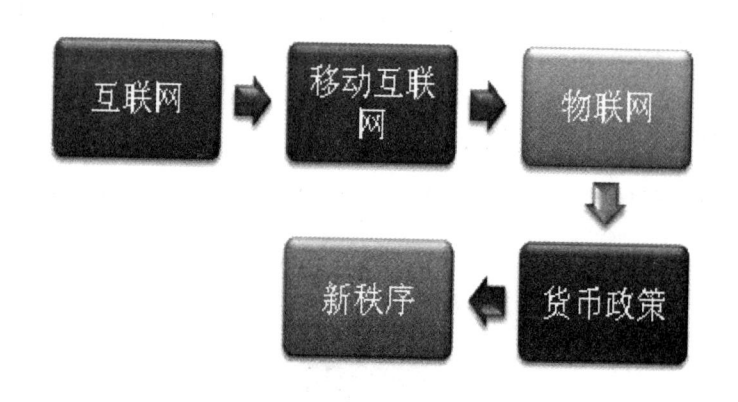

图2 新的货币政策将诞生新秩序

目前，虚拟货币和纸质货币之争，已经打响了，虚拟货币的影响将会增强，未来，几大虚拟货币将争夺主导权，例如OneCoin，2014年9月以来，全球大约有60万名用户加入OneCoin网络，涉及194个国家。中国迫切需要以世界互联网银行和新的货币形式来进行竞争。

另外，很多企业面临的问题（见图3），迫切需要以互联网商城的形式来解决。例如企业经营缺乏渠道、资金链断裂、缺乏政策、缺乏系统等，互联网商城可以将众多的地面企业和连锁店聚集起来，建立超级平台，解决企业面临的众多难题。

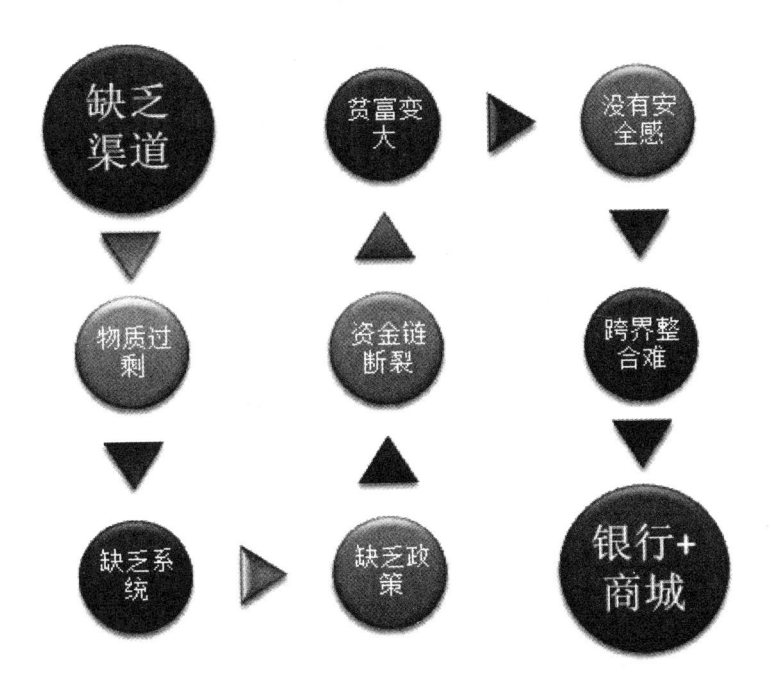

图 3　当前面临的经济问题

从全球视野看，地球作为人类共同的家园，也迫切需要以一种新的形式达到资源的最佳配置。世界网络银行·商城作为最大限度的调节资源平衡下推出的全球平台，将所有的资源聚合起来，可以减少人们为了资源和生存进行的争夺。

3. 世界网络银行·商城是如何运营的？

在世界网络银行·商城的循环系统中，人的循环处于最核心的地位，满足人的物质需求和精神需求。资金流以人民币、美元、电子货币、金融产品为主；将线上店+线下店结合在一起形成产品流，同时实现提供商+物流渠道的无缝对接；信息流以信息源采集+信息发放平台的形式达成信息互通，以内部渠道专享各类资讯（见图 4）。

场景营销：
大连接时代的"营销颠覆者"

图4 世界网络银行·商城的理论循环

世界网络银行·商城的产品有3C电子系列、营养美食品系列、保养品系列、婴儿用品系列、茶叶茶食系列、茶具系列、个人护理用品系列、家居用品系列，等等（见图5）。也就是说，它通过互联网商城的形式，将线下实体店、连锁店和网上商城完美地整合在一起，可以最大限度地服务于消费者和企业。

图5 世界网络银行·商城的产品系列

世界网络银行·商城的目标是建成全球金融共享平台（见图6）。它的模式是通过价值交换+信息对等+需求经济+诚信体系+产业革命+实体经济+实体货币+虚拟货币+能量守恒来实现的。这一模式可以说囊括了当今金融系统的所有前沿的技术和模式。

图6 全球金融共享平台

世界网络银行·商城可以实现跨界整合（见图7），如吃喝玩乐、便民服务、理财、游戏、滴滴打车、支付转账、微信红包等。通过对比你会发现，世界网络银行·商城仅仅通过跨界整合就可以实现微信和百度的大部分功能。

场景营销：
大连接时代的"营销颠覆者"

图7 世界网络银行·商城的跨界整合

世界网络银行·商城通过大数据将各方连接在一起，深挖客户需求，实现价值对接（见图8）。跨界整合、人际网、地面连锁店、移动互联网商城等，这些都将被大数据改写，这对商业模式的冲击不言而喻。将数据、流量、终端结合在一起，是整个商业形态要做的事情，而世界网络银行·商城提供了一个实现三者完美结合的平台。

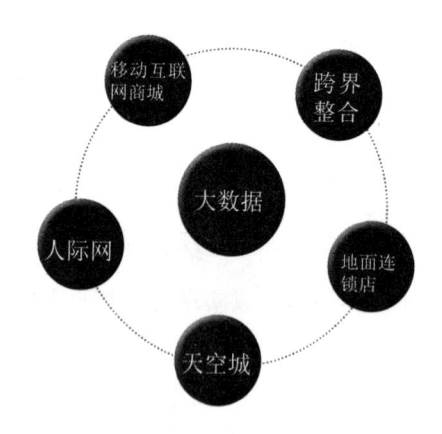

图8 世界网络银行·商城的大数据连接

世界网络银行·商城是中国目前最大、最系统的互联网、物联网、金融完美结合的颠覆型组织。2015年,世界网络银行·商城的组织架构,包括旗袍会员、金融之家、联汇通宝、右择基金、三国演义、养老金融、中技控股、世界网络银行商学院等组织(见图9)。如果说一般的企业都是百万级起步的话,那么世界网络银行·商城的起步将是百亿级。

图9　世界网络银行·商城的组织架构

为了实现一站式管理和服务,世界网络银行·商城将花重金打造专属的人际资源整合工具——VII智能手机(见图10),它拥有极为高端的配置,可以实现管理和应用的各种要求,例如转账支付、购物消费、团队管理,等等。

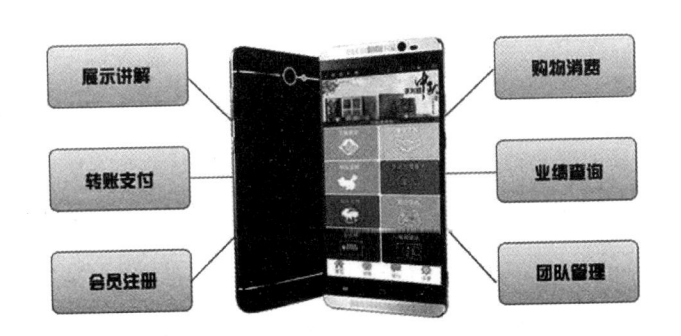

图10　整合人际资源的工具—VII智能手机

4. 世界网络银行·商城的优势和作用

世界网络银行·商城的核心优势如下：政府扶持，中国健康工作委员会鼎力支持；核心技术，联汇通，拥有全球最稳定技术；安全可靠；全球定位；通路渠道，联通各类厂家和店家；金融资本，拥有中纪控股公司；养老产业；公益基金，拥有缘善恩慈善基金会；专用终端，世界网络银行·商城掌中宝；全球体验中心，网络银行商城展示店（见图11）。

图 11 通过世界网络银行·商城的核心优势

世界网络银行·商城可以实现10个方面的重大作用（见图12）。信息互动：专业内部渠道专享各类咨询；资源共享：所有资源在大平台下可以任意嫁接；供求匹配：将结合市场需求提供相应的供需匹配；化静为动：对全球的物、店等固定部分进行流通；项目孵化：专业孵化团队依赖平台孵化各类项目；资本升值：保证资金换物，资本升值，避免通货膨胀资本缩水；线上购买：专业网络通道完成项目线上展示和交易；线下体验：线下体验中心满足客户的体验需求；财富裂变：新系统财富倍增模式让你财富稳定倍增；共享经济：真正实现大家共享现代经济。

图 12　世界网络银行·商城的作用

通过世界网络银行·商城国内互联网和国际互联网,将真正实现"你中有我,我中有你"的共同体(见图13)。世界网络银行·商城将使世界商业形态变成"地球村",从而实现商业的制造、创新、传播、接受和融合,到那时,足不出户,可尽知天下事。

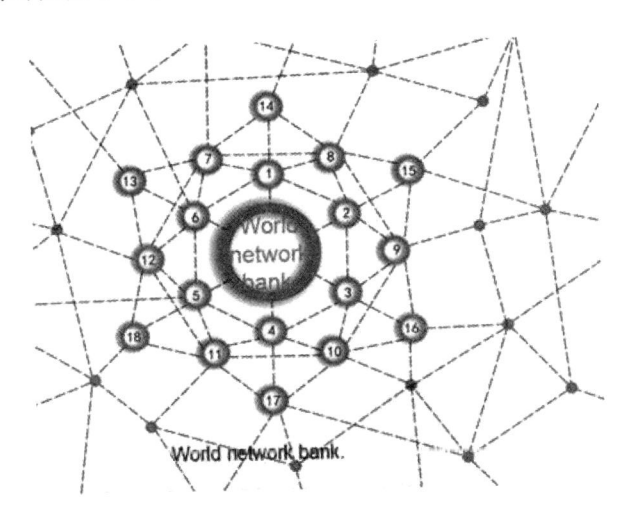

图 13　世界网络银行·商城网络结

5. 世界网络银行·商城能为你带来什么?

世界网络银行·商城的投资方式可以通过会员、代理商、分公司、股东、项目合伙人、集团公司股东等形式来进行（见图14）。其中以会员制为主，各地建立分支机构，吸纳厂家合作、店家合作、平台合作、等多种形式的合作，每种合作形式都可以通过一定的通路得到丰厚收益。

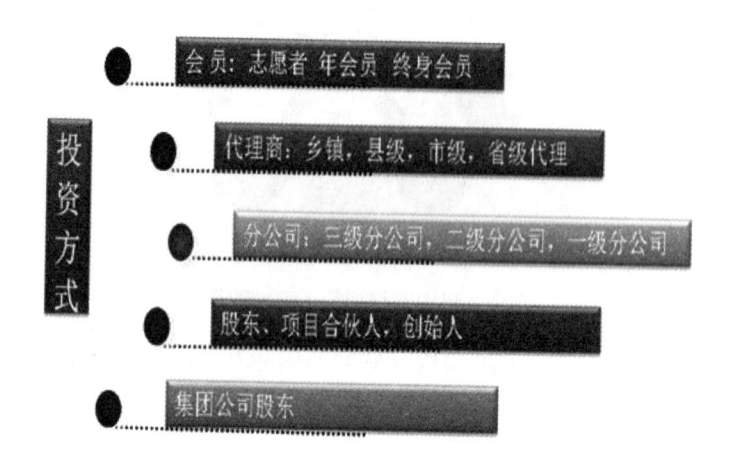

图14　世界网络银行·商城的投资方式

消费者可以得到有保证的产品，超值的价格，增值的服务等，同时也将得到一个共享的平台（见图15）。

图15　消费者可以得到的实惠

世界网络银行·商城还扶持企业创业。创业者可以得到最佳的创业平台，得到创业机会、创业资金等。

投资人可以实现资本的保值、增值、转化和流通（见图16）。应该说世界网络银行·商城是一个绝佳的大金融平台，将会推出很多金融产品。例如，天美仕规划3～5年内在纳斯达克上市，高位阶的市场领导人将会获得天美仕配送的股权。

图16　投资人可以得到的实惠

世界网络银行·商城可以为厂家提供产品渠道，快速消除库存，定量生产（见图17）。

图17　厂家可以得到的实惠

世界网络银行·商城可以为政府解决实际问题，新项目可以提升政府业绩（见图18）。

场景营销：
大连接时代的"营销颠覆者"

图 18 政府可以得到的实惠

世界网络银行·商城要实现的理想是，让一个人不仅是众多平台的消费者，更是众多平台的拥有者，从而实现一杯清茶，一个 Wi-Fi，一部手机，一个 APP，人在哪里，生意就在哪里，事业就在哪里。

希望分享案例有助于读者对场景营销形象化的理解。